Liebe Leserinnen,

Schnüre mit der Strickgabel selbst gemacht – mit Sicherheit für jedermann ein Erfolgserlebnis. Es ist einfach und geht wirklich schnell! Erfahrene Strickerinnen, Strickanfänger, Kinder, Jugendliche, Jungs und auch Senioren konnte ich für diese Technik begeistern. Zudem ist Strickgabeln toll zur gemeinsamen Projektarbeit für Kinderveranstaltungen oder auch für Seniorennachmittage geeignet!

Schon vor tausenden Jahren wurden nach dem Prinzip der Strickgabel schnell und unkompliziert reißfeste Stricke hergestellt. Damals dienten die Finger oder eine Astgabel als Hilfsmittel. So einfach die Technik auch ist, so vielfältig können die angefertigten Schnüre angewandt und weiterverarbeitet werden.

100 % Schurwolle lässt sich hervorragend in der Waschmaschine verfilzen und kann dann für so manche Dekorations- oder Geschenkidee weiterverarbeitet werden. Mein Bastelbuch soll Ihnen als Gedankenanstoß dienen - Ihrer eigenen Kreativität sind keinerlei Grenzen gesetzt!

Viel Freude und Entspannung beim Handarbeiten wünscht Ihnen

Petra Böck

Schritt für Schritt

STRICKEN MIT DER STRICKGABEL

Größe der Strickgabel: ca. 4 x 15 cm
Material: Holz massiv (Handarbeit)
Bezugsquelle: www.pebola.de oder
Tel. 08274/928077

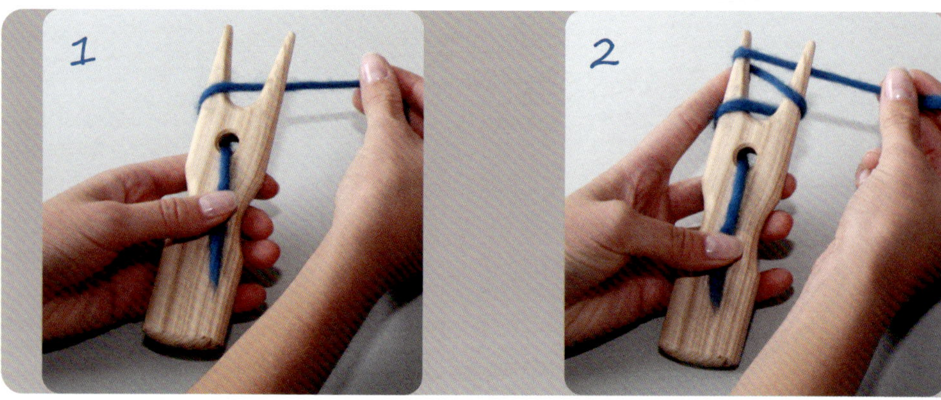

Bild 1: Die Wolle von hinten nach vorne durch das Loch der Strickgabel ziehen und mit dem Daumen festhalten.

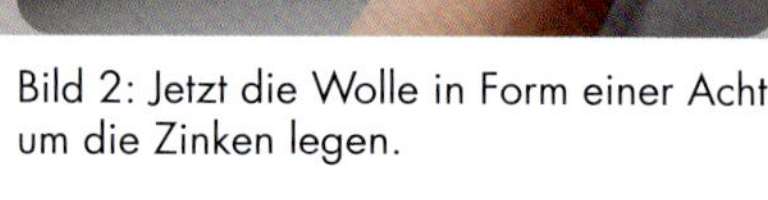

Bild 2: Jetzt die Wolle in Form einer Acht um die Zinken legen.

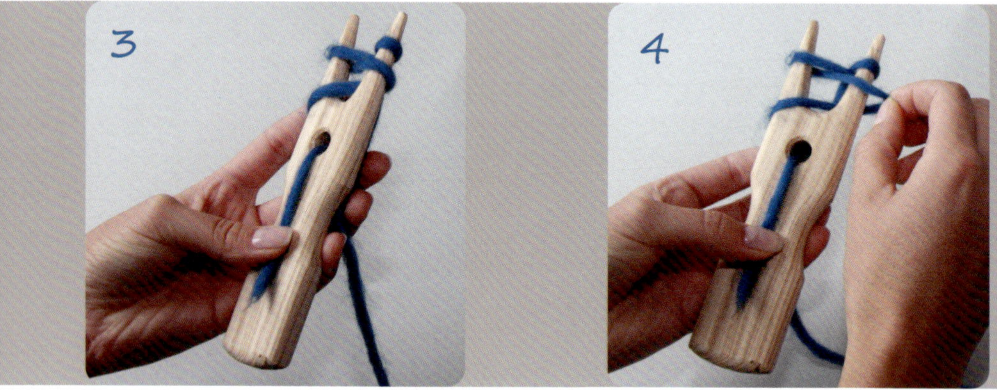

Bild 3: Die Wolle hinten mit der linken Hand festhalten.

Bild 4: Nun die unten liegenden Schlingen mit den Fingern über die darüber liegenden Schlingen von außen nach innen heben.

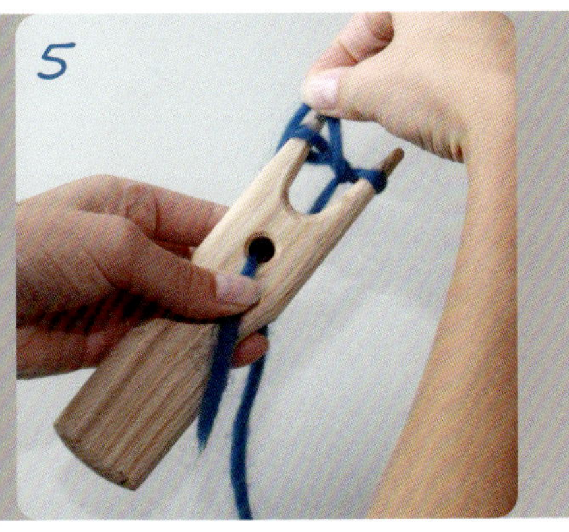

Bild 5: Diesen Vorgang links und rechts wiederholen.

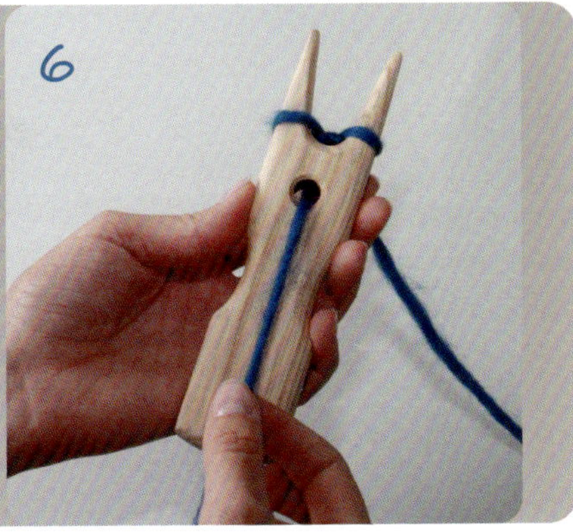

Bild 6: Den Anfangsfaden festziehen.

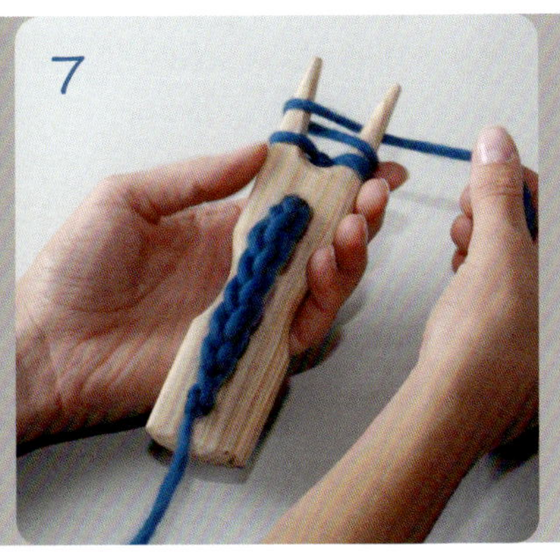

Bild 7: Diese Arbeitsschritte wiederholen bis die gewünschte Länge der Strickschnur erreicht ist.

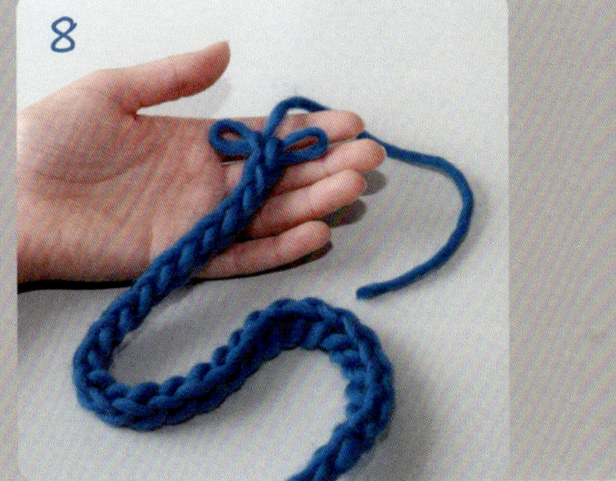

Bild 8: Die Strickschnur von der Strickgabel nehmen.

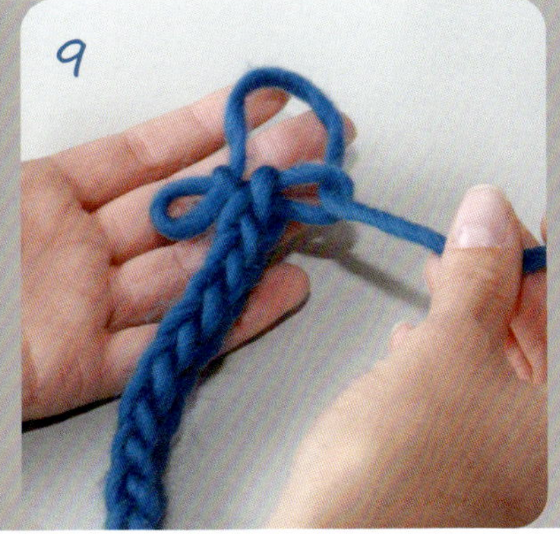

Bild 9: Den Schlussfaden durch die beiden Schlingen ziehen…

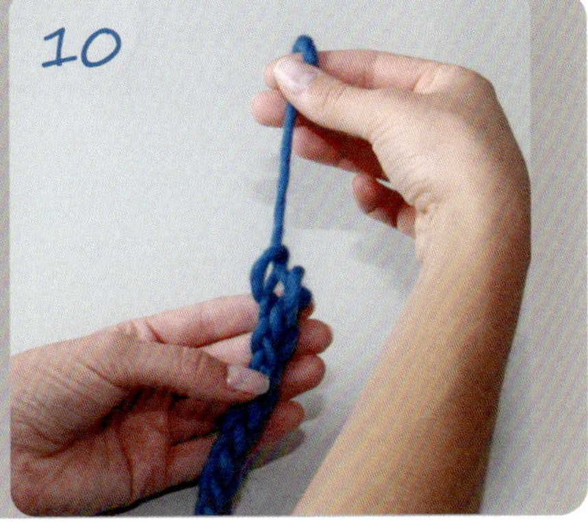

Bild 10: … festziehen. Den Anfangs- und Schlussfaden vernähen.

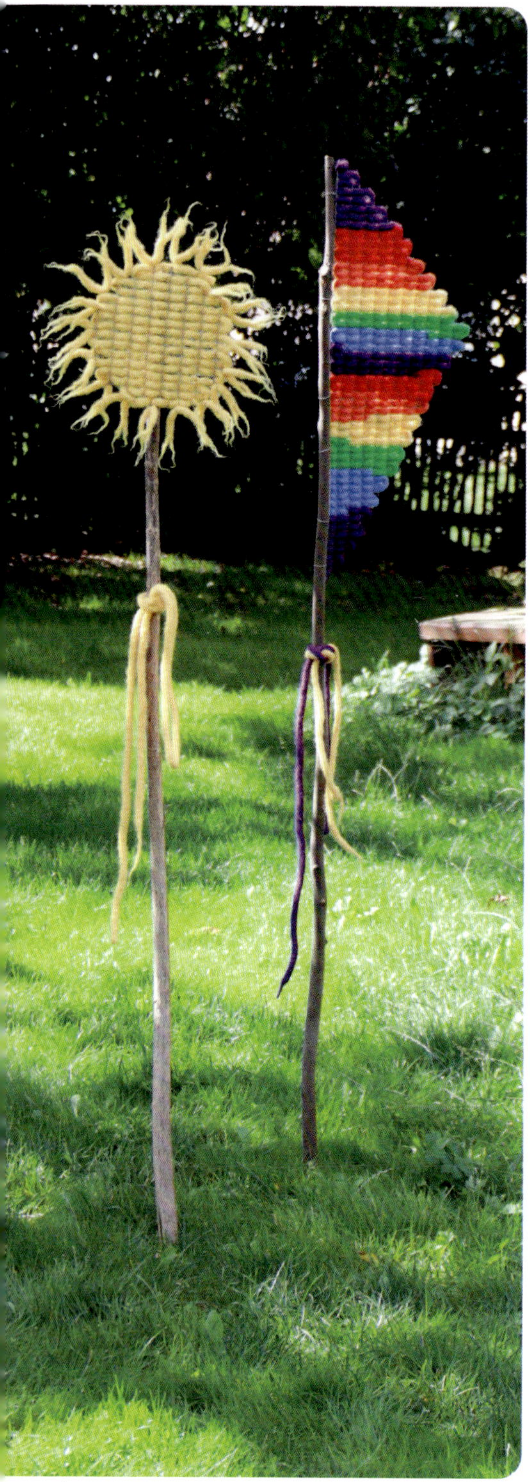

Gartensonne

FERTIGMASS
ca. 180 x 20 cm

DAS WIRD BENÖTIGT
Strickgabel
Häkelnadel Nr. 8
Filzwolle Fb. gelb 150 g
100 % Schurwolle (Lauflänge 50 g = ca. 50 Meter)
4 Eck Drahtgeflecht
Drahtschere
Bindedraht
Stab

ANLEITUNG
Aus 100 g Wolle 2 Schnüre mit der Strickgabel (siehe Seite 4+5) herstellen. Für die Sonnenstrahlen 18 zusätzliche Filzschnürchen herstellen Hierfür mit doppeltem Faden eine 20 cm lange Luftmaschenkette häkeln und jeweils am Anfang und Ende 10 cm Fäden hängen lassen. Die Luftmaschenketten in einen Wäschebeutel geben un die Strickschnüre bei 40° C und einem flüssigen Colorwaschmittel mit 3 Noppen- oder Tennisbäll in der Waschmaschine mit hoher Schleuderumdrehung waschen. Sofort nach dem Waschen di Schnüre etwas in die Länge ziehen und trocknen lassen. Aus dem Drahtgeflecht mit einer Drahtschere eine ca. 21 cm runde Form ausschneiden Nun die Filzschnüre gleichmäßig einziehen. Mit einem dünnen Bindedraht außen die Sonnenstra len befestigen. Das Geflecht mit einem Bindedra an den Stab binden. Nach Belieben die restliche Filzschnur an den Stab binden.

Schwierigkeit
Zeitaufwand

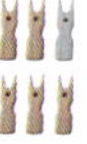

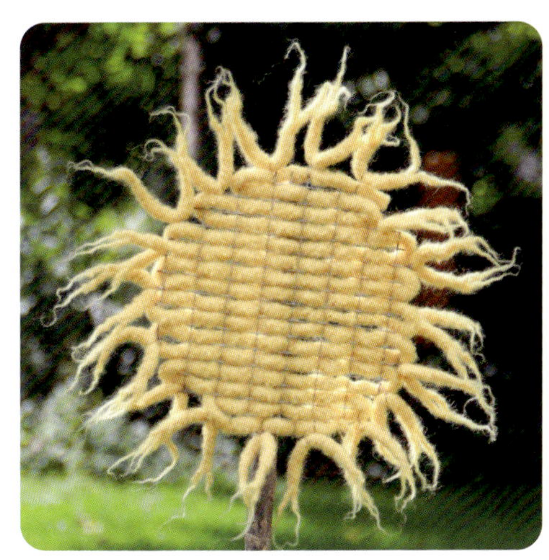

:artenfahne

RTIGMASS
. 200 x 25 cm

AS WIRD BENÖTIGT
rickgabel
zwolle Fb. gelb, orange, rot, lila, blau, grün
50 g
)0 % Schurwolle (Lauflänge 50 g =
. 50 Meter)
Eck Drahtgeflecht
ahtschere
ndedraht
ab

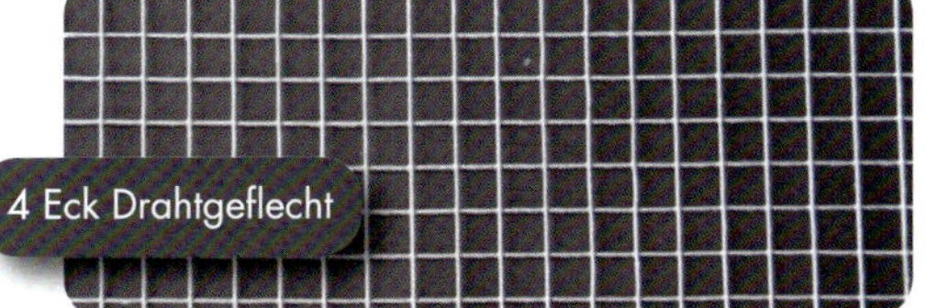

NLEITUNG
en gewünschten Farbverlauf von der Wolle ab-
ckeln und aneinander Knoten. Danach Schnüre
it der Strickgabel (siehe Seite 4+5) herstellen.
e Schnüre bei 40° C und einem flüssigen Coloraschmittel mit 3 Noppen- oder Tennisbällen in
er Waschmaschine mit hoher Schleuderumdre-
ng waschen. Sofort nach dem Waschen die
hnüre etwas in die Länge ziehen und trocknen
ssen.
us dem Drahtgeflecht mit einer Drahtschere eine
ıhnenform ca. 25 x 67 cm ausschneiden. Ab-
echselnd die Schnüre in den Regenbogenfarben
eichmäßig einziehen. Die Fahne mit Hilfe eines
ndedrahtes an den Stab befestigen. Die rest-
chen Strickschnüre als Deko an den Stab binden.

chwierigkeit
eitaufwand

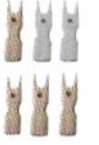

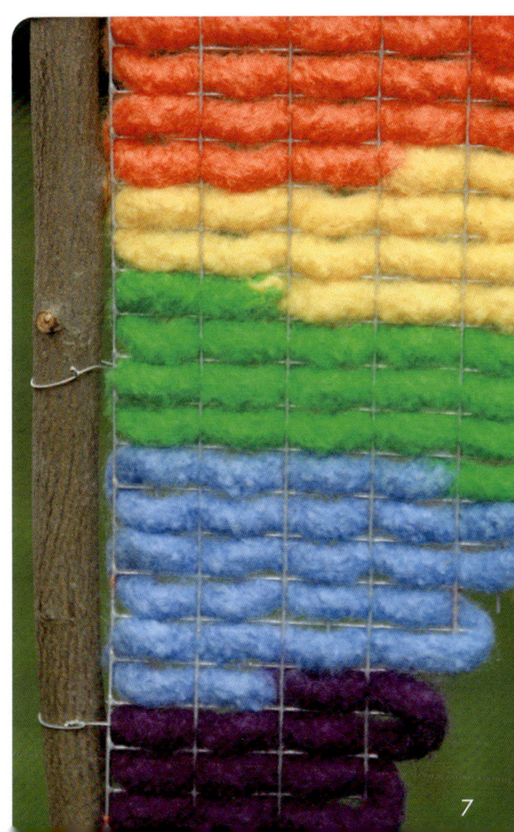

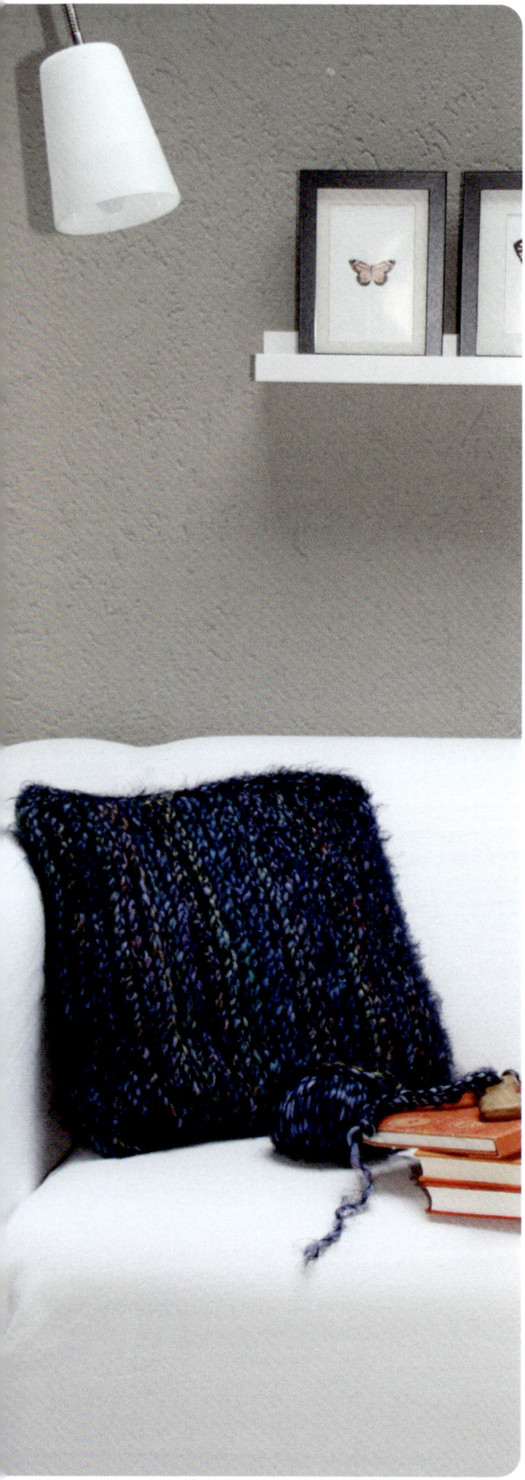

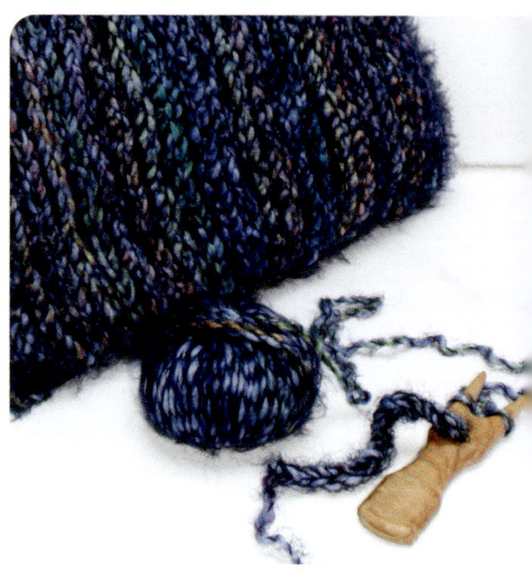

Sitzkissen eckig

FERTIGMASS

ca. 40 x 40 cm

DAS WIRD BENÖTIGT

150 g dickes Effektgarn (Nadelstärke 7 – 8)
Strickgabel
dicke Nähnadel
Bastelvlies als Füllung, evtl. Futterstoff
oder eine fertige Kissenfüllung

ANLEITUNG

Schnüre mit der Strickgabel (siehe Seite 4+5) herstellen.
Für die Vorderseite die Schnur zu einem Quadra legen und mit einem Schlingstich die Schnüre aneinander nähen. Die Rückseite genauso arbeiten Dann Vorder- und Rückseite aufeinander legen u die drei Seiten schließen. Anschließend befüllen (Kissenfüllung oder Bastelvlies) und nun die letzte offene Seite schließen. Falls gewünscht kann um das Kissen noch eine Strickschnur als Abschluss angebracht werden.

Schwierigkeit
Zeitaufwand
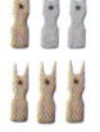

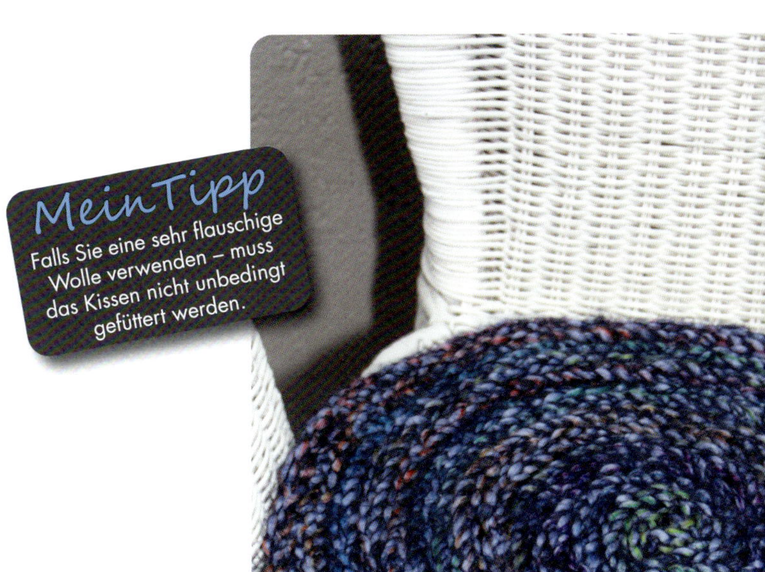

;itzkissen -und

RTIGMASS
ca. 40 cm

AS WIRD BENÖTIGT

)0 g dickes Effektgarn (Nadelstärke 7 – 8)
rickgabel
cke Nähnadel
astelvlies als Füllung, evtl. Futterstoff
der eine fertige Kissenfüllung

NLEITUNG

:hnüre mit der Strickgabel (siehe Seite 4+5) erstellen.
ır die Vorderseite die Schnur spiralförmig auf-rol-n und mit einem Schlingstich die Schnüre an-nander nähen. Die Rückseite genauso arbeiten. ann Vorder- und Rückseite aufeinander legen und en Rand schließen. Evtl. befüllen (Kissenfüllung der Bastelvlies) und den letzten Rest des Randes hließen. Falls gewünscht kann um das Kissen och eine Strickschnur als Abschluss angebracht erden.

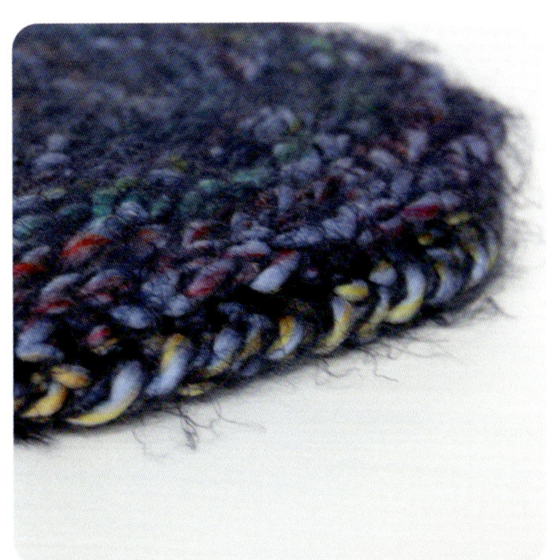

:hwierigkeit 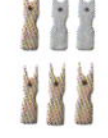
eitaufwand

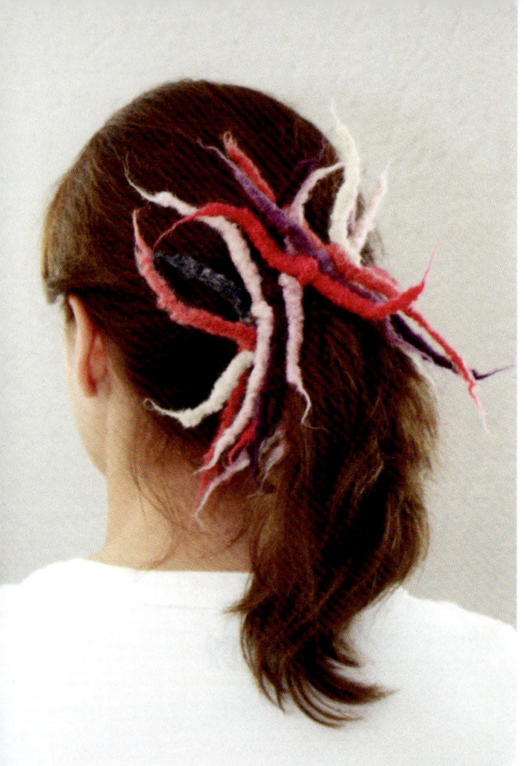

Haargummi

FERTIGMASS
Ø ca. 5 cm

DAS WIRD BENÖTIGT
Häkelnadel Nr. 7
Filzwollereste
100 % Schurwolle (Lauflänge 50 g = ca. 50 Meter)
Haargummi

ANLEITUNG
Aus verschiedenen Filzwollresten ca. 20 kleine Filzschnüre anfertigen. Hierfür mit einer Häkelnadel eine 20 cm lange Luftmaschenkette häkeln und jeweils am Anfang und Ende 10 cm Faden hängen lassen. Die Luftmaschenketten in einem Wäschebeutel bei 40° C und einem flüssigen Colorwaschmittel mit 3 Noppen- oder Tennisbällen in der Waschmaschine mit hoher Schleuderumdrehung waschen. Sofort nach dem Waschen die Schnüre etwas in die Länge ziehen und gleich im nassen Zustand an den Haargummi knoten.

Schwierigkeit
Zeitaufwand
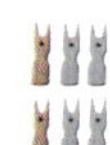

Tasche rund

FERTIGMASS
Ø ca. 22 cm

DAS WIRD BENÖTIGT
Strickgabel
Filzwolle Fb. bunt ca. 150 g,
100 % Schurwolle (Lauflänge 50 g = ca. 50 Meter)
Aufbügel-Vlies
Nähnadel und Faden
Evtl. Futterstoff

ANLEITUNG
Schnüre mit der Strickgabel (siehe Seite 4+5) herstellen.
Die Schnüre bei 40° C und einem flüssigen Colo waschmittel mit 3 Noppen- oder Tennisbällen in der Waschmaschine mit hoher Schleuderumdrehung waschen. Sofort nach dem Waschen die Schnüre etwas in die Länge ziehen und trocknen lassen. Die Filzschnüre mit einem Dampfbügeleisen flach bügeln damit sie mehr Auflagefläche bekommen. Dann eine Schnur spiralförmig auf e Aufbügel-Vlies fixieren und bügeln. Vorder- und Rückseite so arbeiten. 2 Filz-Schnüre mit je 105 cm Länge (Henkel und Taschenboden) und zur V stärkung des Taschenbodens eine weitere Schnur mit 55 cm auf ein Aufbügel-Vlies bügeln. Den Anfang der Filzschnur an der Taschenunterseite zusammenkommen lassen. Mit einem neutralen dünnen Faden den Taschenboden und die Vorde und Rückseite annähen. Für den Eingriff eine 15 cm große Öffnung lassen. Mit einem passenden Futterstoff ausfüttern.

Schwierigkeit
Zeitaufwand
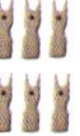

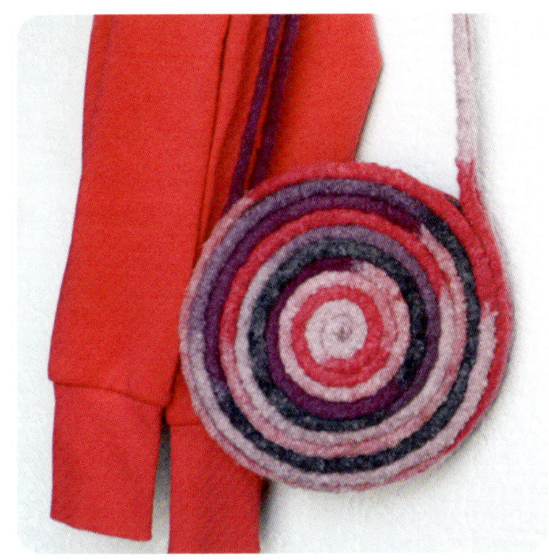

Tasche eckig

RTIGMASS
. 18 x 20 cm

AS WIRD BENÖTIGT
ickgabel
zwolle Fb. pink 100 g,
)0 % Schurwolle (Lauflänge 50 g =
. 50 Meter)
fbügel-Vlies
ähnadel und Faden
tl. Futterstoff
zblume oder ähnliches

NLEITUNG
hnüre mit der Strickgabel (siehe Seite 4+5) rstellen.
e Schnüre bei 40° C und einem flüssigen Colorischmittel mit 3 Noppen- oder Tennisbällen in r Waschmaschine mit hoher Schleuderumdreng waschen. Sofort nach dem Waschen die hnüre etwas in die Länge ziehen und trocknen ssen. Die Filzschnüre mit einem Dampfbügelsen flach bügeln damit sie mehr Auflagefläche kommen. Dann die Schnur zu einem Rechteck gen und auf ein Aufbügel-Vlies fixieren und igeln. Vorder- und Rückseite so arbeiten. Für den enkel ca. 80 cm Filzschnur rechnen. Mit einem utralen dünnen Faden die Filzschnur noch was annähen. Mit einem passenden Futterstoff sfüttern. Nach Belieben mit der Filznadel eine ume filzen.

hwierigkeit 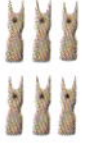
itaufwand

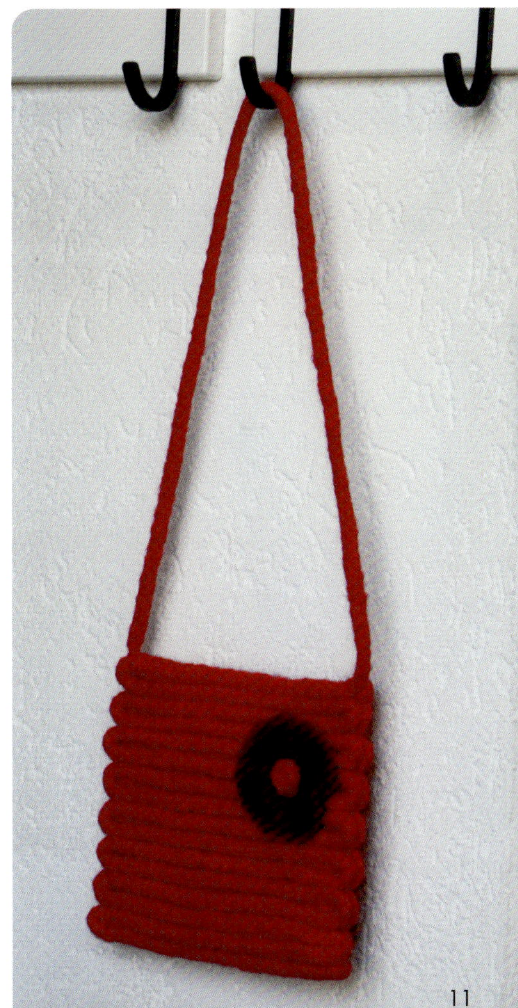

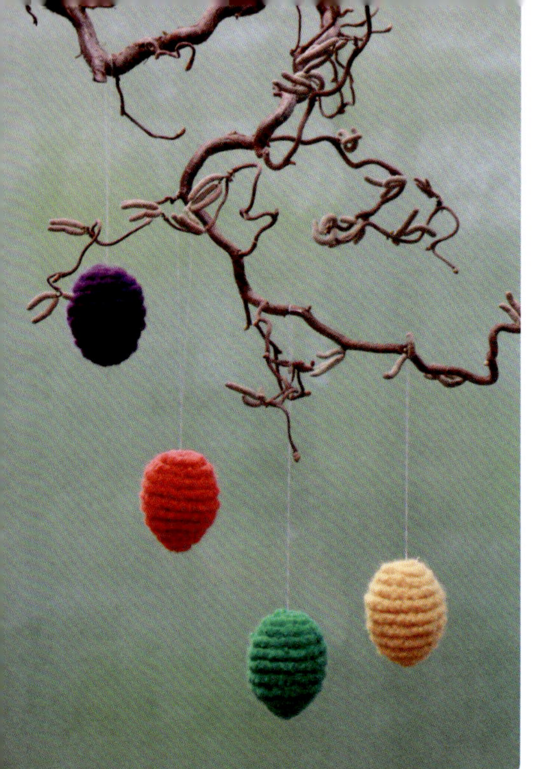

Ostereier klein

FERTIGMASS
ca. 6 cm

DAS WIRD BENÖTIGT
Häkelnadel Nr. 8
Filzwolle Reste Fb. gelb, orange, grün, lila
100 % Schurwolle (Lauflänge 50 g = ca. 50 Meter)
Kleine Plastikeier ca. 5 cm
Heißkleber

ANLEITUNG
Mit der Häkelnadel eine Luftmaschenkette von ca. 250 cm anfertigen. (ca. 200 Luftmaschen) Die Luftmaschenkette in einem Wäschebeutel bei 40° C und einem flüssigen Colorwaschmittel mit 3 Noppen- oder Tennisbällen in der Waschmaschine mit hoher Schleuderumdrehung waschen. Sofort nach dem Waschen die Schnüre etwas in die Länge ziehen und trocknen lassen. Die Plastikeier mit Hilfe einer Heißklebepistole mit der Filzschnur bekleben. Evtl. einen Aufhänger anbringen.

Schwierigkeit
Zeitaufwand
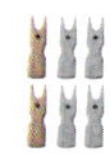

Österlicher Blumenstecker

FERTIGMASS
ca. 17 x 22 cm

DAS WIRD BENÖTIGT
Strickgabel
Filzwolle Fb. gelb, orange, grün je 50 g
100 % Schurwolle (Lauflänge 50 g = ca. 50 Met
Wollreste
Drahtgeflecht, Drahtschere
Stab

ANLEITUNG
Schnüre mit der Strickgabel (siehe Seite 4+5) herstellen.
Die Schnüre bei 40° C und einem flüssigen Colo waschmittel mit 3 Noppen- oder Tennisbällen in der Waschmaschine mit hoher Schleuderumdrehung waschen. Sofort nach dem Waschen die Schnüre etwas in die Länge ziehen und trocknen lassen.
Aus dem 17 x 22 cm Drahtgeflecht eine Eiform ausschneiden. Abwechselnd die orangene, gelb und grünen Schnüre einziehen. Dazwischen zur Auflockerung Wollreste einweben. Außen als Abschluss eine Filzschnur anbringen evtl. mit Kleber fixieren. In der Mitte des Steckers den Sta einstecken oder mit Bindedraht befestigen.

Schwierigkeit
Zeitaufwand
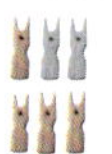

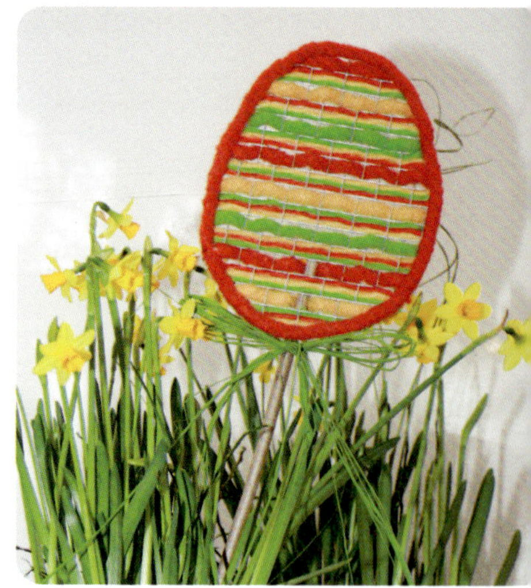

)sternest mit
:iern

RTIGMASS
ca. 20 cm

AS WIRD BENÖTIGT
rickgabel
zwolle Fb. gelb, orange, grün je 50 g
)0 % Schurwolle (Lauflänge 50 g =
. 50 Meter)
'eidenkörbchen Ø ca. 20 cm
astikeier ca. 6 cm
eißkleber
artenschere

NLEITUNG
:hnüre mit der Strickgabel (siehe Seite 4+5)
erstellen.
e Schnüre bei 40° C und einem flüssigen Color-
aschmittel mit 3 Noppen- oder Tennisbällen in der Waschmaschine mit hoher Schleuderumdrehung waschen. Sofort nach dem Waschen die Schnüre etwas in die Länge ziehen und trocknen lassen.
Aus einem Weidenkörbchen mit einer Gartenschere am unteren Rand und in der Mitte die waagrechten Weiden entfernen und dafür die Filzschnüre einziehen. Oder, falls die Möglichkeit besteht, die Schnüre in ein neues Weidenkörbchen gleich mit einflechten.
Die Plastikeier mit Hilfe einer Klebepistole mit der Filzschnur bekleben.

Schwierigkeit
Zeitaufwand

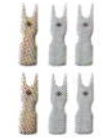

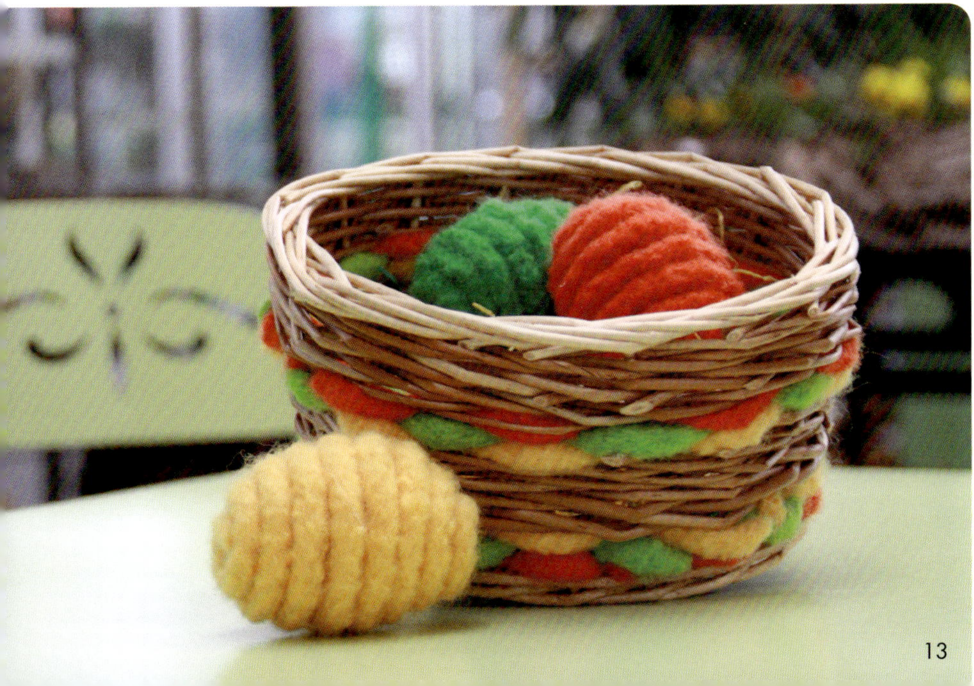

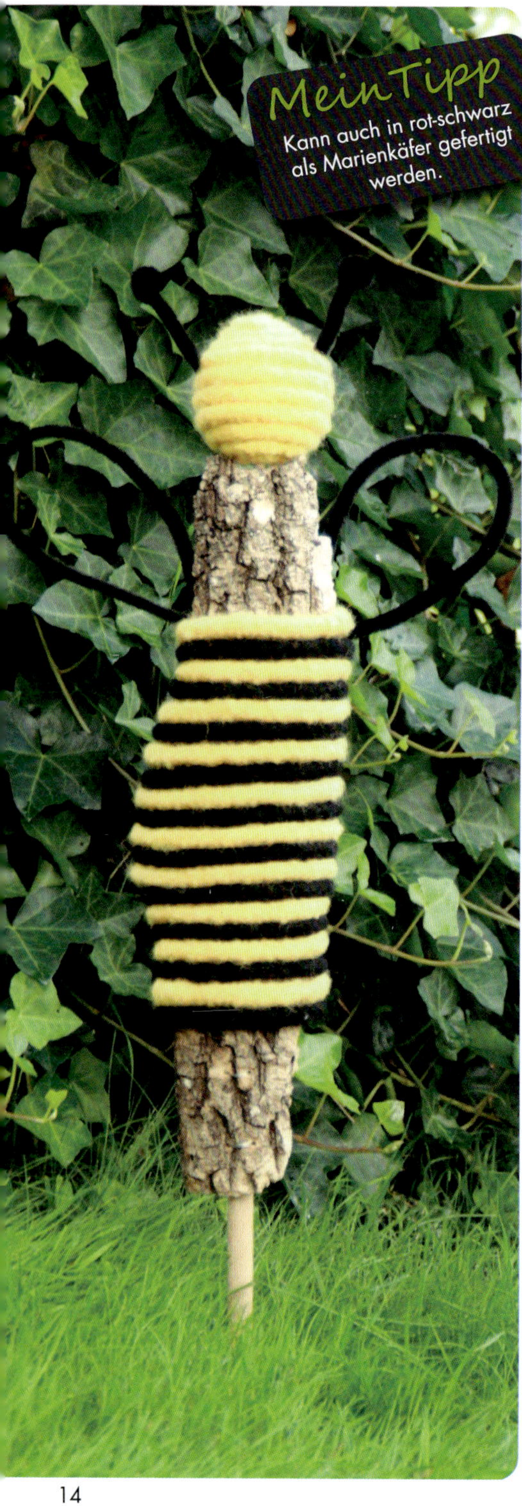

Mein Tipp
Kann auch in rot-schwarz als Marienkäfer gefertigt werden.

Steckbiene

FERTIGMASS
ca. 45 cm

DAS WIRD BENÖTIGT
Strickgabel
Filzwolle Fb. gelb ca. 80 g und schwarz ca. 50
100 % Schurwolle (Lauflänge 50 g = ca. 50 Meter)
Holzrinde
Schwarzer Chenilledraht
Styroporkugel 6 cm
Heißkleber

ANLEITUNG
Filzschnüre mit der Strickgabel (siehe Seite 4+5) herstellen.
Die Schnüre bei 40° C und einem flüssigen Colo waschmittel mit 3 Noppen- oder Tennisbällen in der Waschmaschine mit hoher Schleuderumdrehung waschen. Sofort nach dem Waschen die Schnüre etwas in die Länge ziehen und trocknen lassen. An die Rinde oben für den Kopf und unte zum Aufstellen einen Stab anbringen. Die gelbe Filzschnur mit Heißkleber um die Styroporkugel kleben. An den Stab befestigen. Schwarze und gelbe Filzschnüre um die Holzrinde wickeln, Chenilledraht als Flügel und Fühler anbringen.

Schwierigkeitsgrad
Zeitaufwand

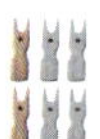

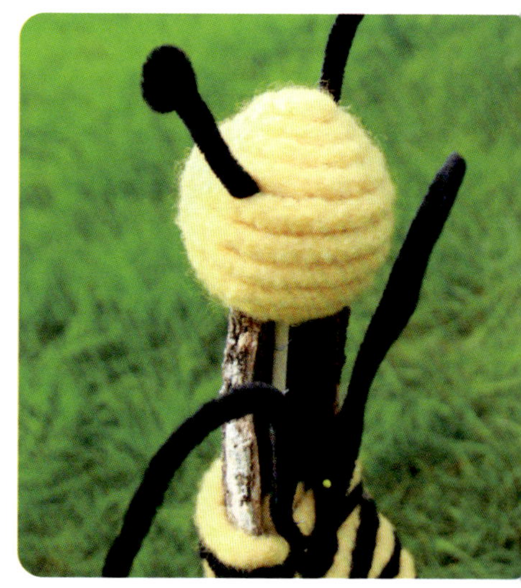

Zaunhocker

FERTIGMASS
ca. 10 x 18 cm

Die Zaunhocker sind mit der Technik des Strickfilzens gefertigt. Die Anleitung hierfür ist sehr ausführlich. Gerne können Sie diese kostenlos per Email unter info@pebola.de anfordern!

BIENEN-VARIANTE MIT DER STRICKGABEL
(hier nicht abgebildet)
Schwarze und gelbe Filzschnüre um den Zaun wickeln, den Kopf wie bei der Steckbiene fertigen und schon haben Sie einen weiteren Zaunhocker!

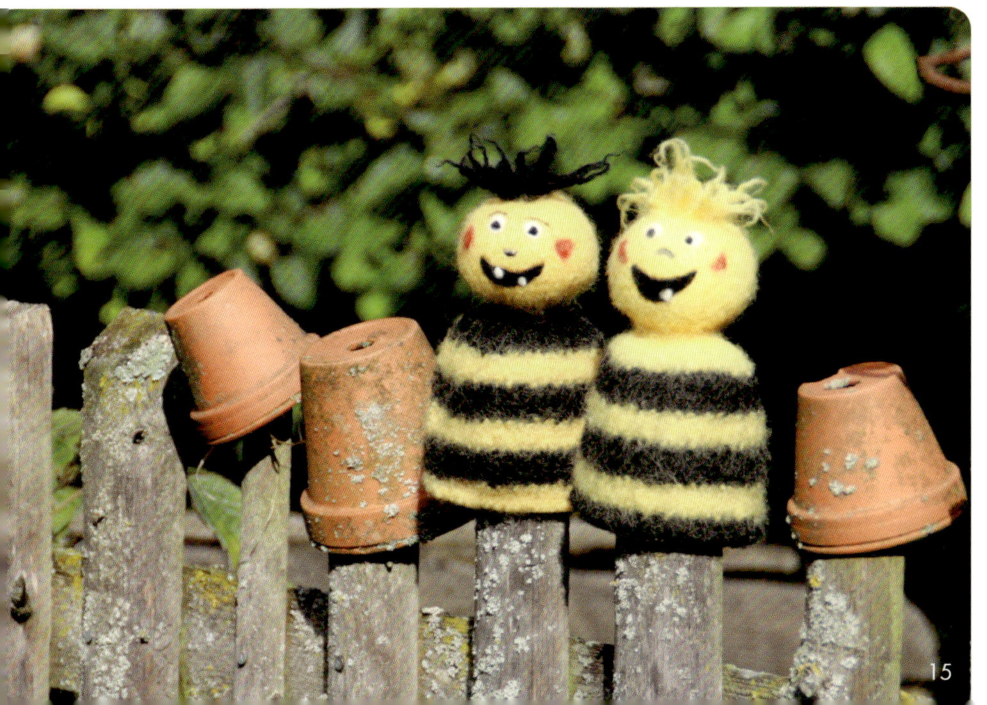

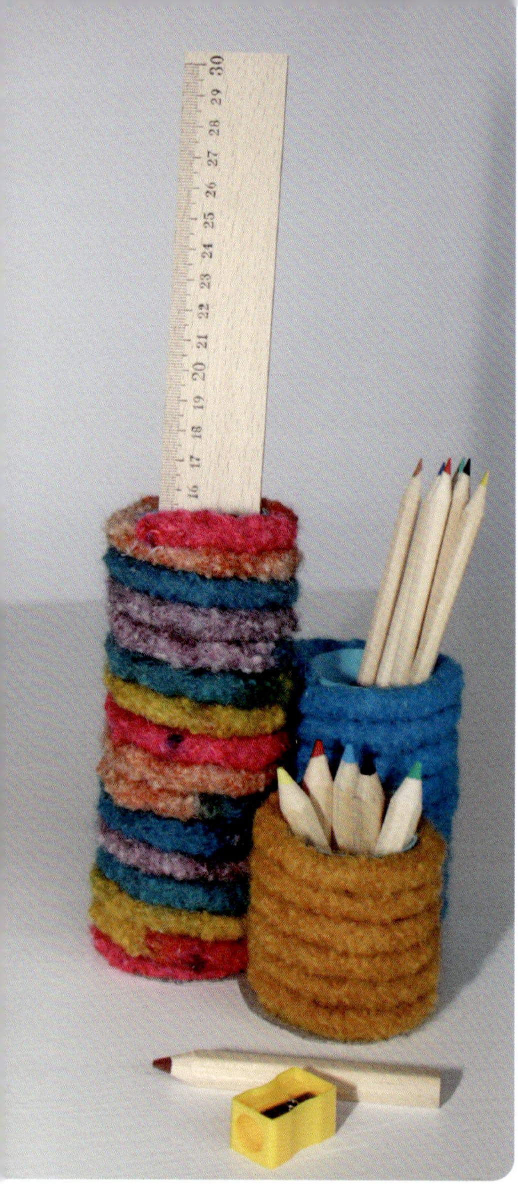

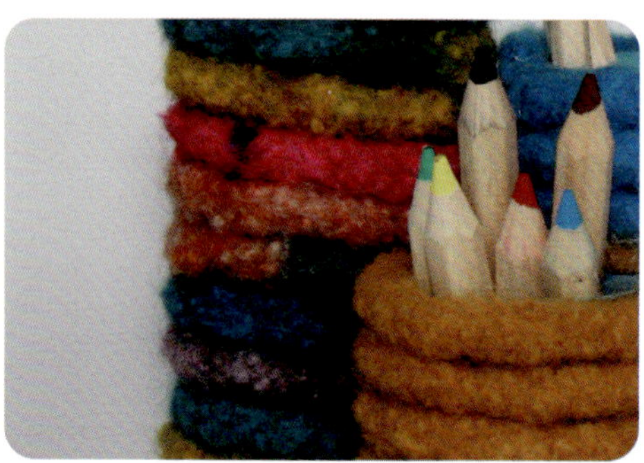

Stifteköcher

FERTIGMASS
ca. 13 x 17 cm

DAS WIRD BENÖTIGT
Strickgabel
Filzwolle Fb. bunt ca. 50 g, türkis ca. 40 g, und gold ca. 20 g
100 % Schurwolle
(Lauflänge 50 g = ca. 50 Meter)
Toilettenpapierrollen
Karton
Heißklebepistole

ANLEITUNG
Filzschnüre mit der Strickgabel (siehe Seite 4+5) herstellen.
Die Schnüre bei 40° C und einem flüssigen Colo waschmittel mit 3 Noppen- oder Tennisbällen in der Waschmaschine mit hoher Schleuderumdrehung waschen. Sofort nach dem Waschen die Schnüre etwas in die Länge ziehen und trocknen lassen. Die Toilettenpapierrollen in 3 verschieden Höhen schneiden. Evtl. die Innenseite passend be malen. Die Schnüre auf die Papier-Rollen mit Hilf einer Heißklebepistole kleben und als Boden eine Karton anbringen.

Schwierigkeit
Zeitaufwand 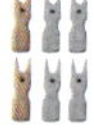

Mäppchen

RTIGMASS
. 9 x 20 cm

AS WIRD BENÖTIGT
rickgabel
zwolle Fb. bunt ca. 50 g
)0 % Schurwolle
auflänge 50 g = ca. 50 Meter)
ähnadel

NLEITUNG
zschnüre mit der Strickgabel (siehe Seite 4+5) rstellen.
e Strickschnüre zu einem Rechteck legen und mit r Nähnadel auf einer Seite im Schlingstich mit ner passenden Filzwolle zusammennähen. Anhließend die 2 Seiten schließen. Das Mäppchen i 40° C und einem flüssigen Colorwaschmittel it 3 Noppen- oder Tennisbällen in der Waschmahine mit hoher Schleuderumdrehung waschen. fort nach dem Waschen das Mäppchen in Form ehen und trocknen lassen.

hwierigkeit
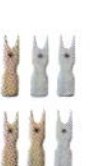
itaufwand

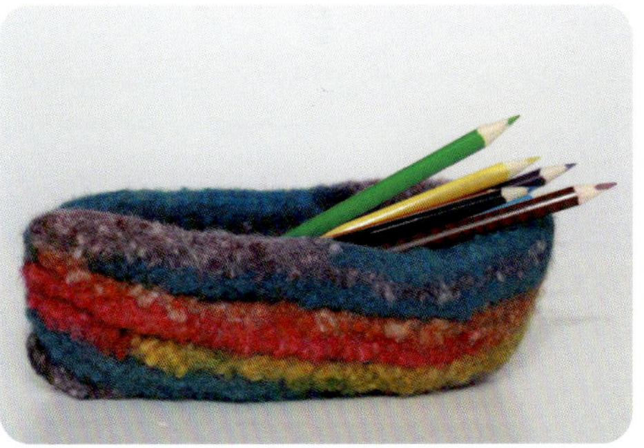

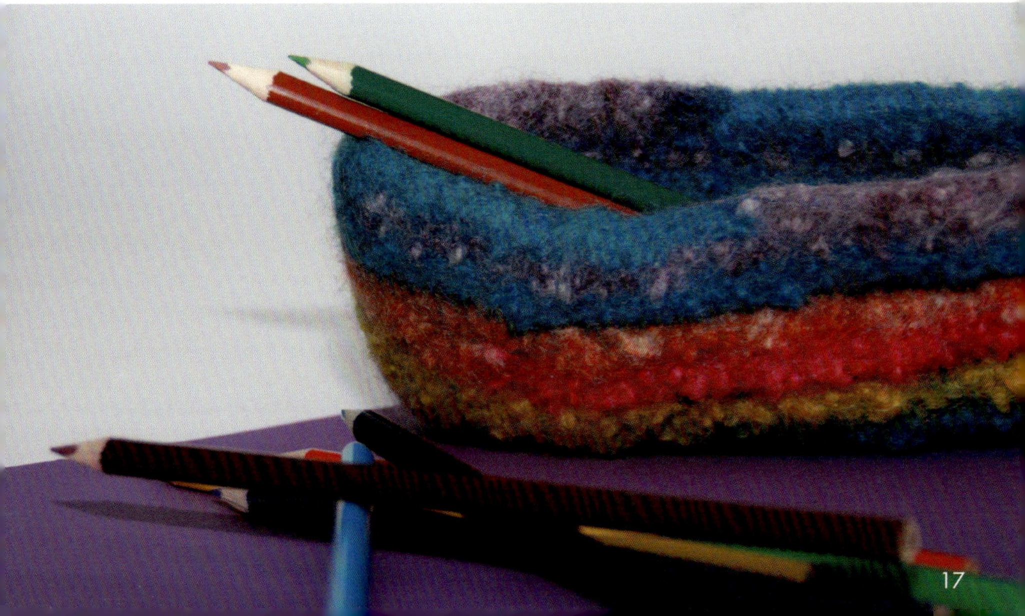

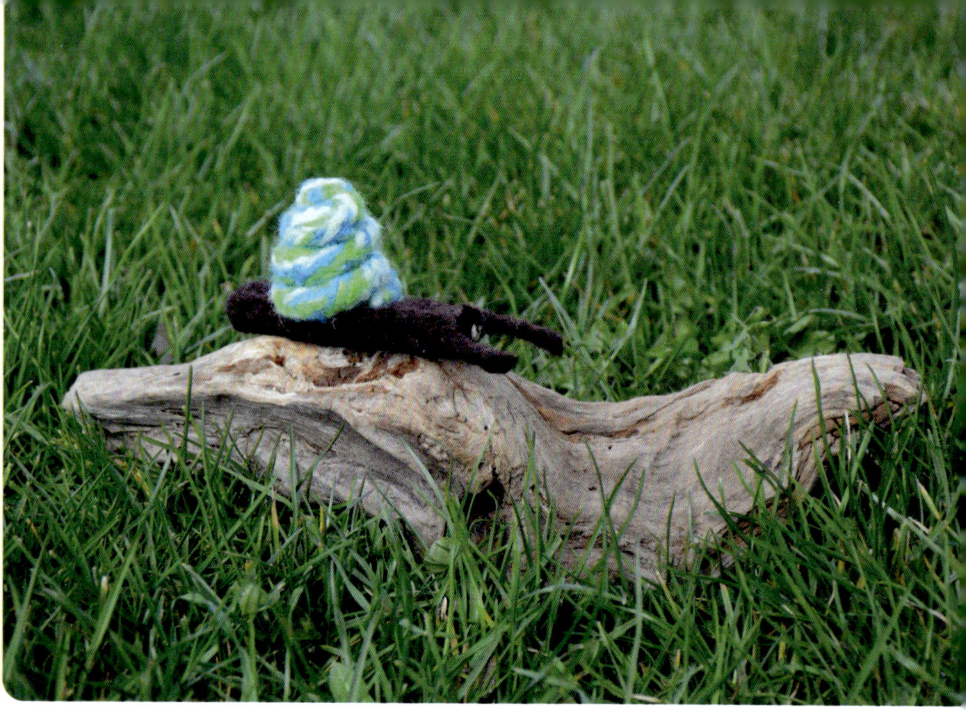

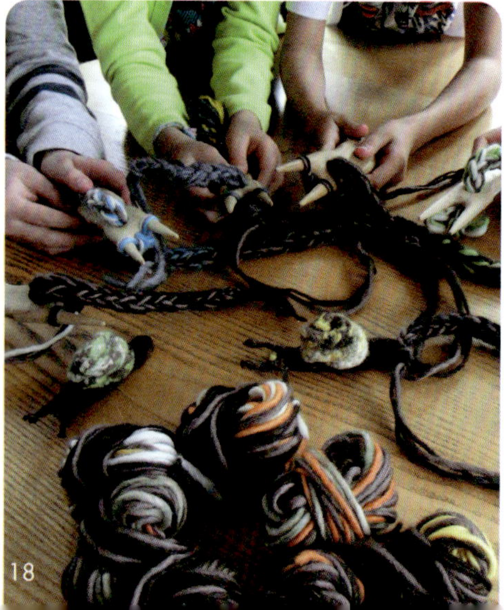

Schnecke

FERTIGMASS
ca. 11 cm

Strickschnur ungefilzt ca. 0,5 m
Strickschnur gefilzt ca. 0,4 m

DAS WIRD BENÖTIGT
Strickgabel
Filzwolle Farbe nach Belieben ca. 20 g
100 % Schurwolle
(Lauflänge 50 g = ca. 50 Meter)
Heißklebepistole

Beispiel:
Insgesamt benötigt man 15 Meter Wolle
2 m Wolle 3 fädig für Körper, 3 m Wolle 3 fädig für das Schneckenhaus

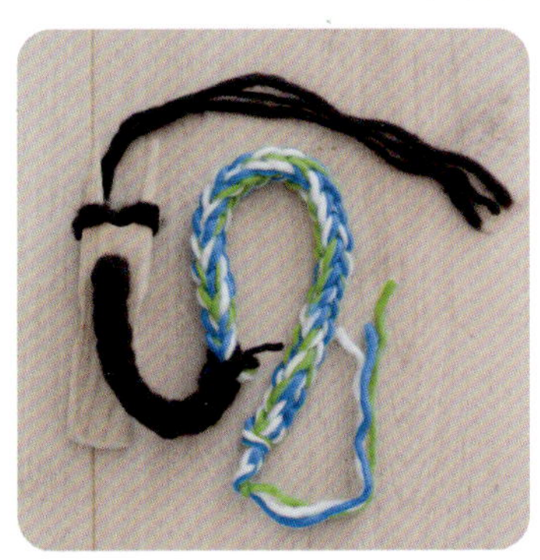

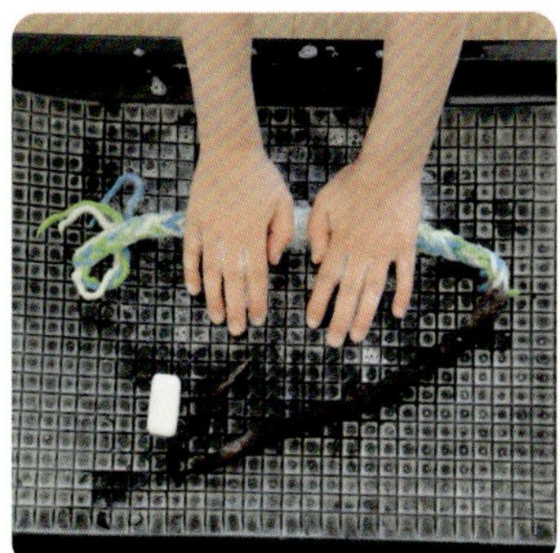

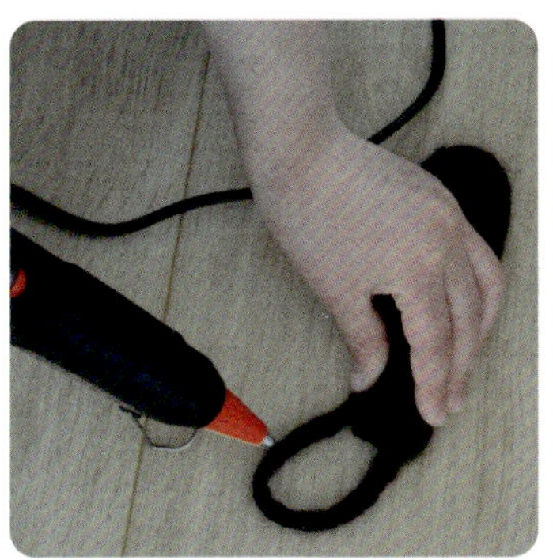

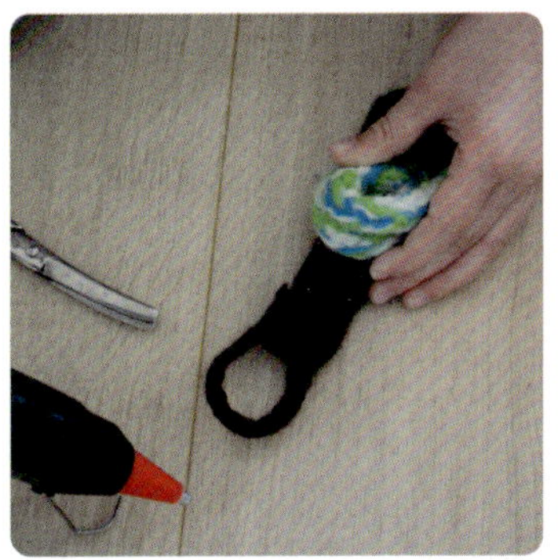

NLEITUNG

Volle 3 fädig in gewünschten Farben laut oben enanntem Beispiel herrichten. Für den Körper m besten verschiedene Brauntöne verwenden, ür das Schneckenhaus die gewünschten Farben nknoten und zu einem kleinen Knäuel wickeln. Mit Hilfe der Strickgabel eine Strickschnur hertellen. Die Anleitung finden Sie auf S. 4 + 5. Diese Strickschnur dann mit Hilfe von Wasser und eife verfilzen oder bei 40° C und einem flüssigen Colorwaschmittel mit 3 Noppen- oder Tennisbällen n der Waschmaschine mit hoher Schleuderumdrehung waschen. Jetzt die Filzschnur zwischen chneckenkörper (braun) und Schneckenhaus (farbig) durchschneiden. Den Körper doppelt legen nd mit einer Heißklebepistole vorsichtig an der nnenseite zusammenkleben. Somit ist der Körper voluminöser. Für die Fühler den Anfang an die Seie ankleben und mittig die Fühler durchschneiden. Das Schneckenhaus spiralförmig aufwickeln und vorsichtig ankleben. Den Schluss der Filzschnur zur Stabilisierung in das Schneckenhaus drücken. Auf einen Stein oder ein Stück Treibholz dekorieen. Lässt sich wunderbar mit Kindern machen.

chwierigkeit
Zeitaufwand

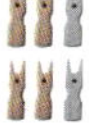

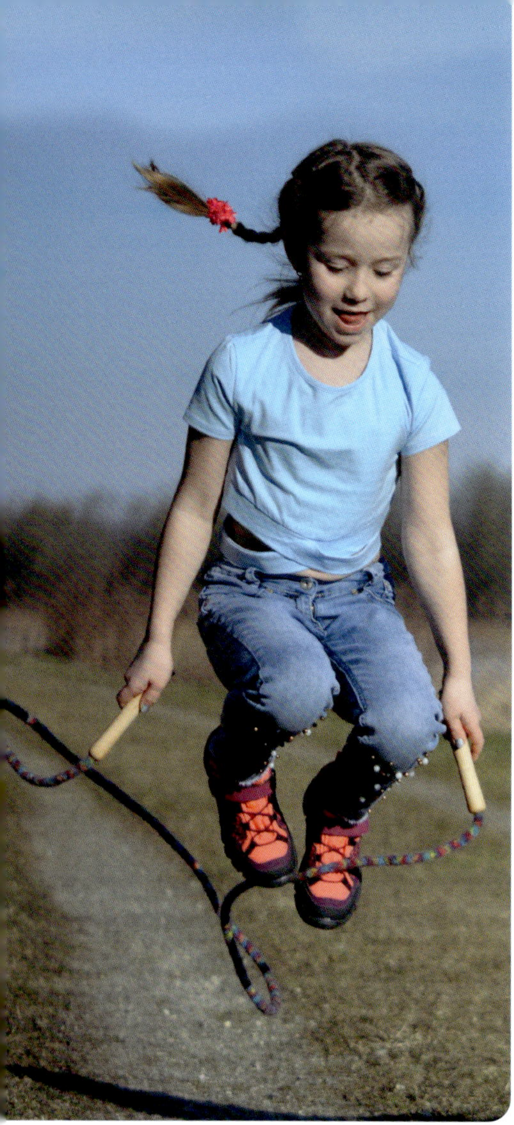

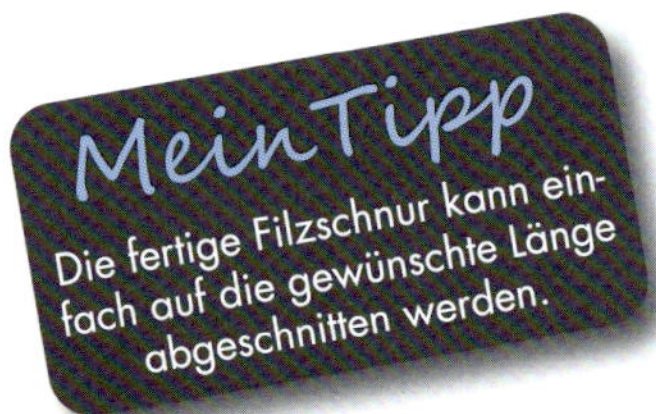

Sprungseil

FERTIGMASS
ca. 2,6 m

Strickschnur ungefilzt ca. 4,5 m
Strickschnur gefilzt ca. 2,8 m

DAS WIRD BENÖTIGT
Strickgabel
Filzwolle Fb. nach Belieben ca. 35 g und 100 % Schurwolle (Lauflänge 50 g = ca. 50 Meter)
Holzgriffe

ANLEITUNG
Mit Hilfe der Strickgabel eine Strickschnur herstellen. Die Anleitung finden Sie auf S. 4 + 5. Diese Strickschnur bei 40° C und einem flüssigen Colorwaschmittel mit 3 Noppen- oder Tennisbälle in der Waschmaschine mit hoher Schleuderumdrehung waschen. Die trockenen Filzschnüre durch die Holzgriffe schieben und mit einem Knoten verschließen.

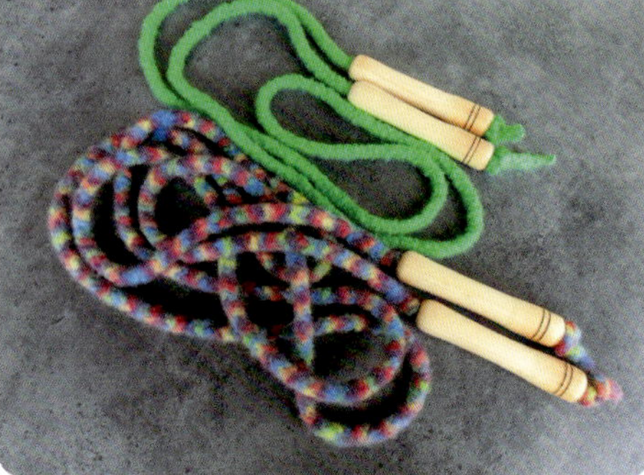

Schwierigkeit
Zeitaufwand

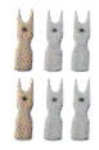

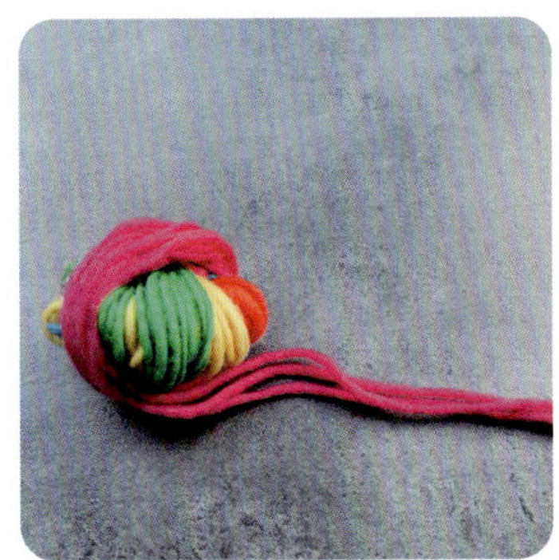

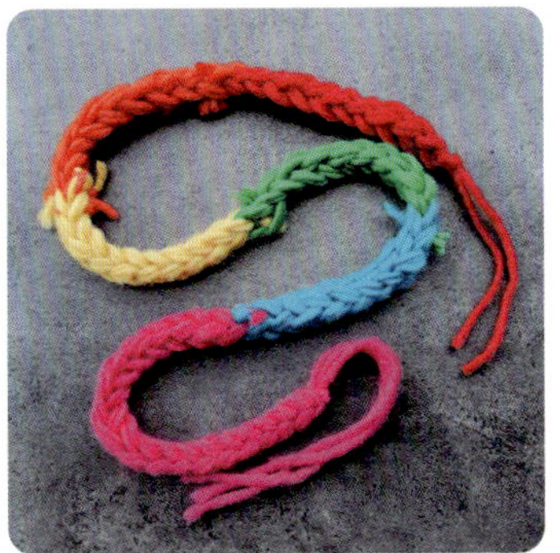

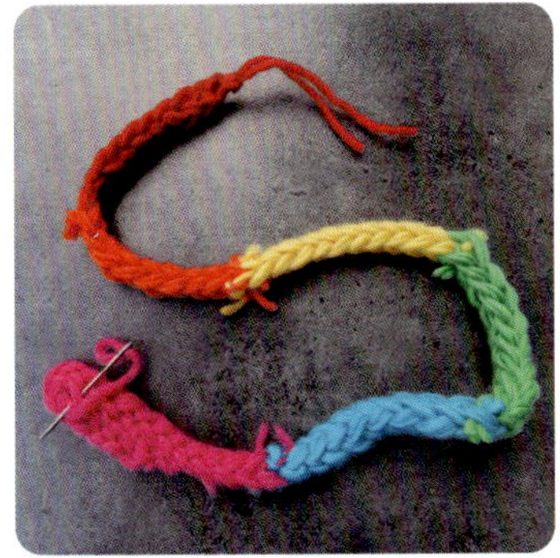

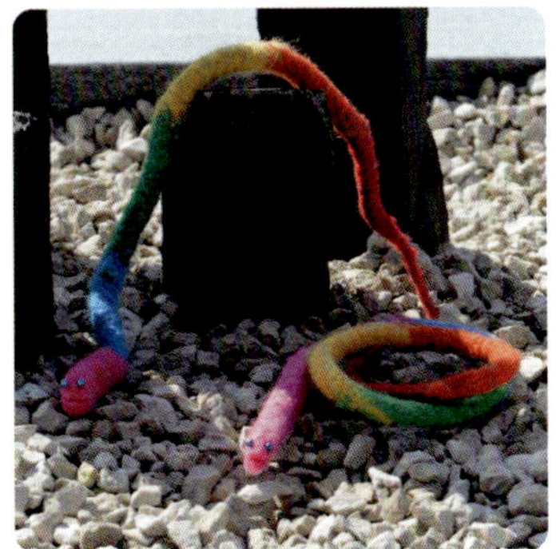

Schlange

ERTIGMASS
a. 0,6 m

trickschnur ungefilzt ca. 0,8 m
trickschnur gefilzt ca. 0,6 m

AS WIRD BENÖTIGT
trickgabel
ilzwolle Fb. nach Belieben ca. 20 m
00 % Schurwolle (Lauflänge 50 g = ca. 50
Meter)
eispiel lt. Bild

m pink	3 fädig
m türkis	3 fädig
m grün	3 fädig
m gelb	3 fädig
m orange	3 fädig
m rot	2 fädig

ANLEITUNG
Wolle nach oben genannten Farben herrichten, miteinander verknoten und zu einem Knäuel wickeln.
Mit Hilfe der Strickgabel eine Strickschnur herstellen. Die Anleitung finden Sie auf S. 4 + 5. Vor dem Filzen für den Kopf die pinke Strickschnur doppelt zusammennähen. Diese Strickschnur dann mit Hilfe von Wasser und Seife verfilzen oder bei 40° C und einem flüssigen Colorwaschmittel mit 3 Noppen- oder Tennisbällen in der Waschmaschine mit hoher Schleuderumdrehung waschen. Jetzt nach Belieben Augen (Stecknadelköpfe, Wackelaugen oder Augen mit der Filznadel) anbringen. Für den Mund den Filz leicht einschneiden.
Lässt sich wunderbar mit Kindern machen.

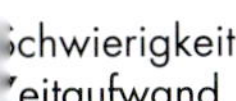

chwierigkeit 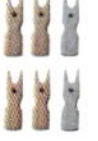
Zeitaufwand

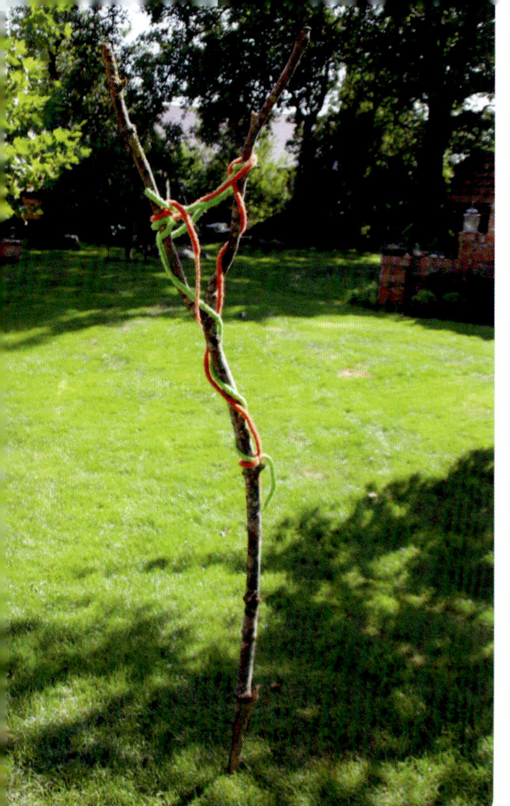

Holzmännchen

FERTIGMASS
ca. 8 x 26 cm

DAS WIRD BENÖTIGT
Strickgabel
Filzwolle Fb. orange, gelb, grün je 20 g
100 % Schurwolle (Lauflänge 50 g = ca. 50 Meter)
Holz 8 x 26 cm
etwas Fertigfilz für die Mütze
Farben zum Bemalen des Gesichtes

ANLEITUNG
Schnüre mit der Strickgabel (siehe Seite 4+5) herstellen.
Die Schnüre bei 40° C und einem flüssigen Colorwaschmittel mit 3 Noppen- oder Tennisbällen in der Waschmaschine mit hoher Schleuderumdrehung waschen. Sofort nach dem Waschen die Schnüre etwas in die Länge ziehen und trocknen lassen. Das Holz mit den drei Schnüren um-wickeln, Gesicht bemalen und als Mütze einen tellergroßen Fertig-Filz ausschneiden und dem Männchen aufsetzen.

Schwierigkeit
Zeitaufwand

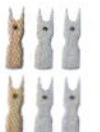

Astgabel

FERTIGMASS
Je nach Holzstab

DAS WIRD BENÖTIGT
Strickgabel
Filzwolle Fb. orange, grün je 50 g
100 % Schurwolle (Lauflänge 50 g = ca. 50 Meter)
Holzstab

ANLEITUNG
Schnüre mit der Strickgabel (siehe Seite 4+5) herstellen.
Die Schnüre bei 40° C und einem flüssigen Colorwaschmittel mit 3 Noppen- oder Tennisbällen in der Waschmaschine mit hoher Schleuderumdrehung waschen. Sofort nach dem Waschen die Schnüre etwas in die Länge ziehen und trocknen lassen. Um einen Stab dekorieren.

Schwierigkeit
Zeitaufwand

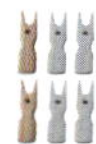

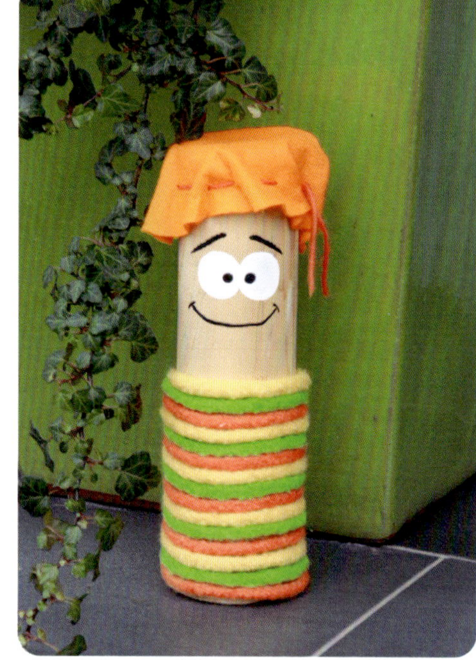

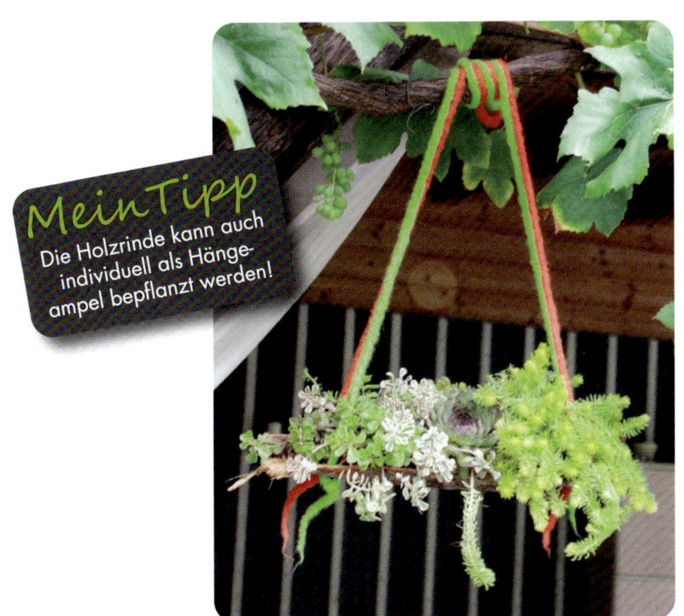

nsektenhaus

ERTIGMASS
a. 50 cm breit

AS WIRD BENÖTIGT
trickgabel
ilzwolle Fb. orange, grün je 50 g
00 % Schurwolle (Lauflänge 50 g = ca. 50 Meter)
olzrinde
Ton-Blumentöpfe 5 cm Durchmesser
twas Stroh

NLEITUNG
chnüre mit der Strickgabel (siehe Seite 4+5) erstellen.
ie Schnüre bei 40° C und einem flüssigen Colorvaschmittel mit 3 Noppen- oder Tennisbällen in er Waschmaschine mit hoher Schleuderumdreung waschen. Sofort nach dem Waschen die chnüre etwas in die Länge ziehen und trocknen assen. Durch die Rinde 5 Löcher bohren. Den ufhänger am rechten und linken Ende befestigen. ie Blumentöpfe in der Mitte in verschiedenen ängen anbringen. Mit Stroh füllen.

chwierigkeit
eitaufwand

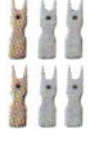

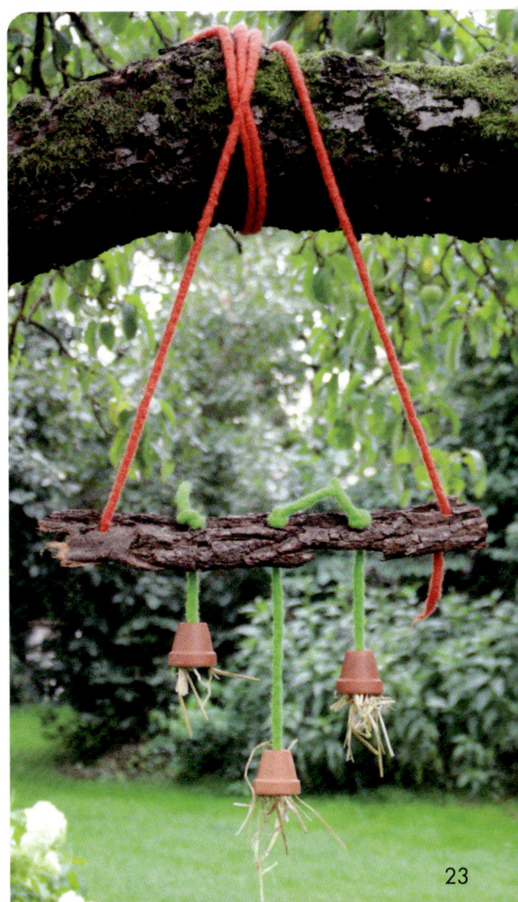

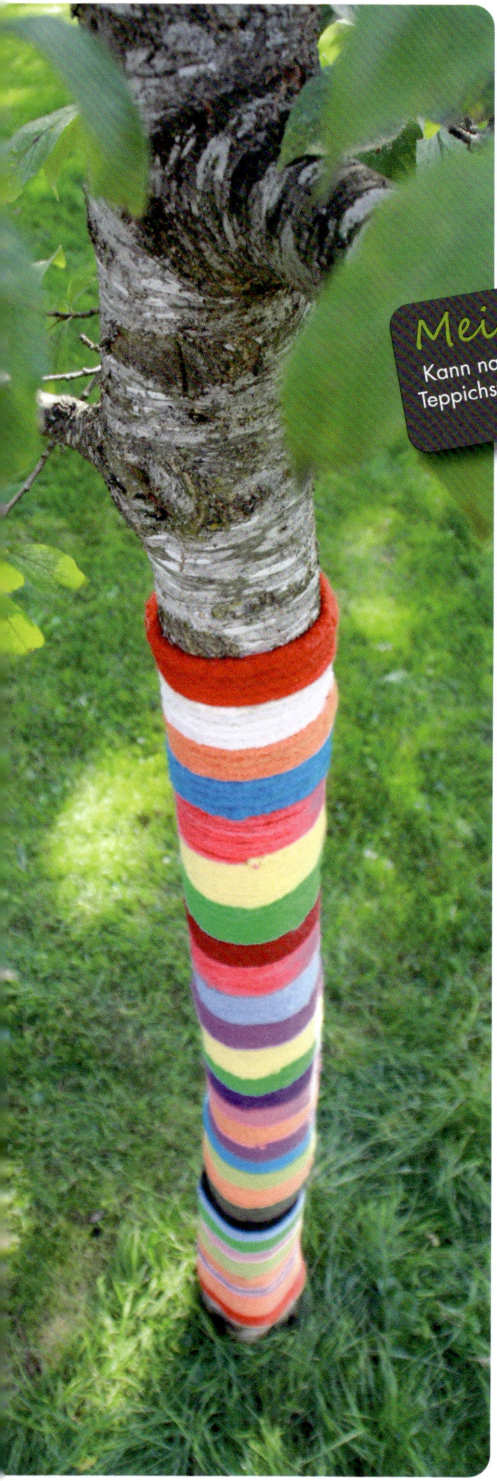

Mein Tipp
Kann natürlich auch um Teppichstangen gewickelt werden.

Teamarbeit Baumumfilzen

DAS WIRD BENÖTIGT

Strickgabel
Filzwolle Farben und Längen beliebig
100 % Schurwolle (Lauflänge 50 g = ca. 50 Meter)
Noppenfolie, warmes Wasser, Seife, Handtuch

ANLEITUNG

Schnüre mit der Strickgabel (siehe Seite 4+5) herstellen.
Die Schnüre mit Seife und Wasser solange reiben, bis die Strickstruktur nicht mehr sichtbar ist. Dann die Schnur auswaschen und im Handtuch walken das heißt die Schnur in ein Handtuch wickeln und immer mit den Händen hin und her rollen bis eine feste Filzschnur entstanden ist. Die Anfänge aneinander binden und so um das Objekt wickeln.

Schwierigkeit
Zeitaufwand

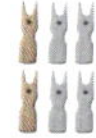

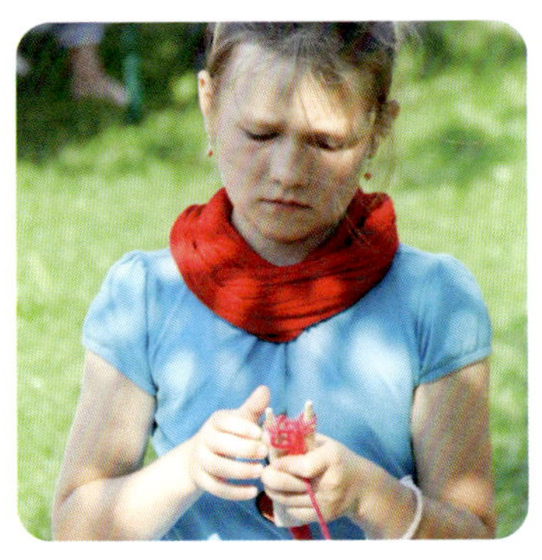

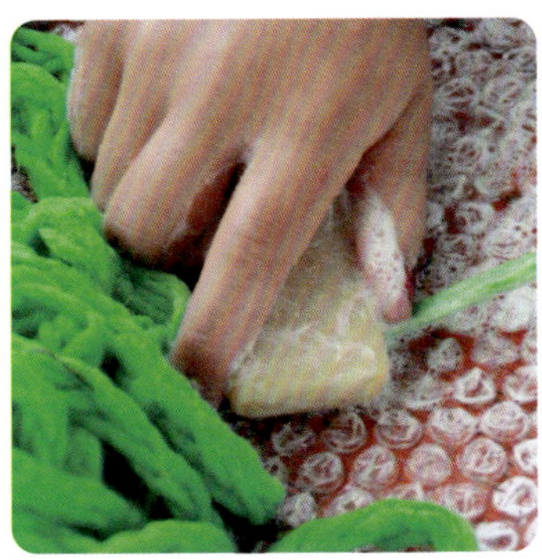

Handarbeiten unter freiem Himmel

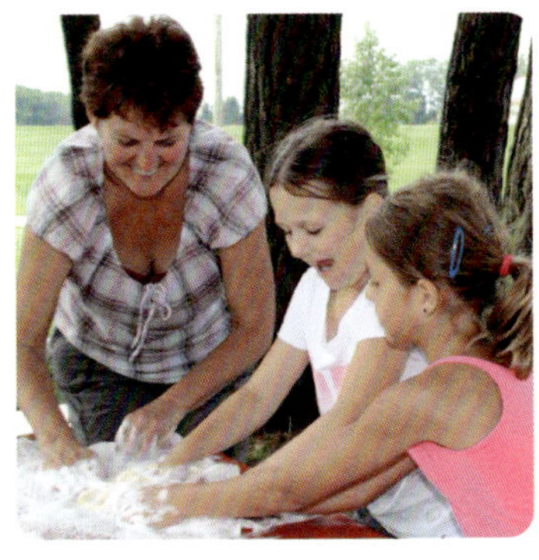

INDERGEBURTSTAG, SCHULPROJEKT, ERIENPROGRAMM, SENIORENNACHMITTAG SW.

Vir haben es mehrmals ausprobiert und können anz klar sagen: Selten fanden wir Freizeitbechäftigung mit Kindern schöner und entspannter! Iier darf jeder (ab ca. drei Jahren) nach seinem empo und in seiner Lieblingsfarbe Schnüre strickabeln, filzen und umwickeln. Selbst Jungs sind anz eifrig bei der Sache und tragen gern zum roßen Gemeinschaftsprojekt bei. Am liebsten atürlich draußen!

uch bei älteren Menschen in Seniorenheimen aben wir positive Impulse setzen können. Neben chnellen Erfolgserlebnissen und motorischen ingerfertigkeitsübungen wurden uns noch viele wischenmenschliche Geschichten von einst zuetragen....

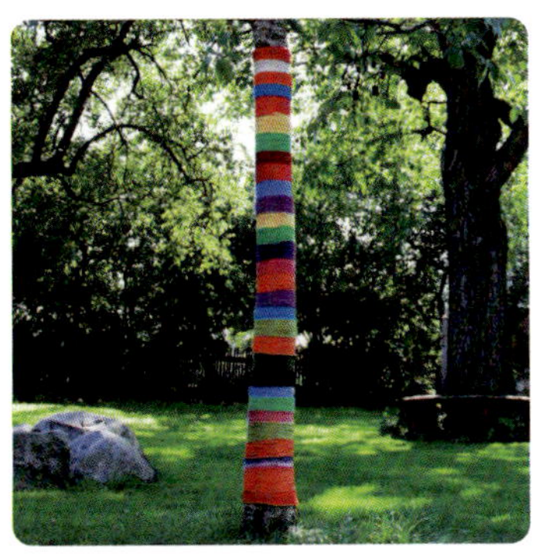

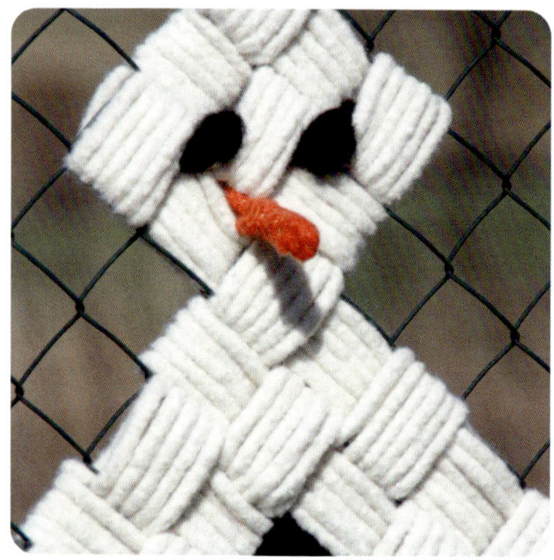

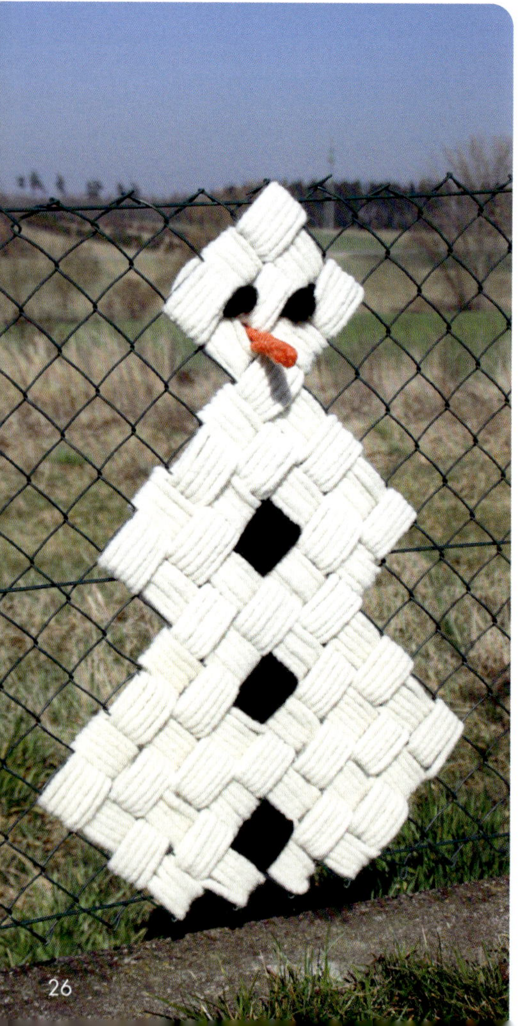

Schneemann am Gartenzaun

FERTIGMASS
Höhe ca. 70 cm (je nach Maschendraht)

DAS WIRD BENÖTIGT
Maschendrahtzaun
Strickgabel
Filzwolle Fb. weiß ca. 600 g, schwarz ca. 50 g, Reste in orange
100 % Schurwolle (Lauflänge 50 g = ca. 50 Meter)
Bindedraht

ANLEITUNG
Filzschnüre mit der Strickgabel (siehe Seite 4+5) herstellen.
Die Schnüre bei 40° C und einem flüssigen Color waschmittel mit 3 Noppen- oder Tennisbällen in der Waschmaschine mit hoher Schleuderumdrehung waschen. Sofort nach dem Waschen die Schnüre etwas in die Länge ziehen und trocknen lassen. Die Schnüre um den Maschendraht am Zaun wickeln. Immer abwechselnd in der Richtun Augen und Knöpfe in Schwarz einflechten. Als Nase 4 orangene Strickschnüre zusammenbinder den Bindedraht durchziehen und hinten befestige

Schwierigkeit 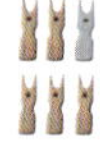
Zeitaufwand

MeinTipp

Grafische Muster mit leuchtenden Farben können jeden Maschendrahtzaun verschönern.

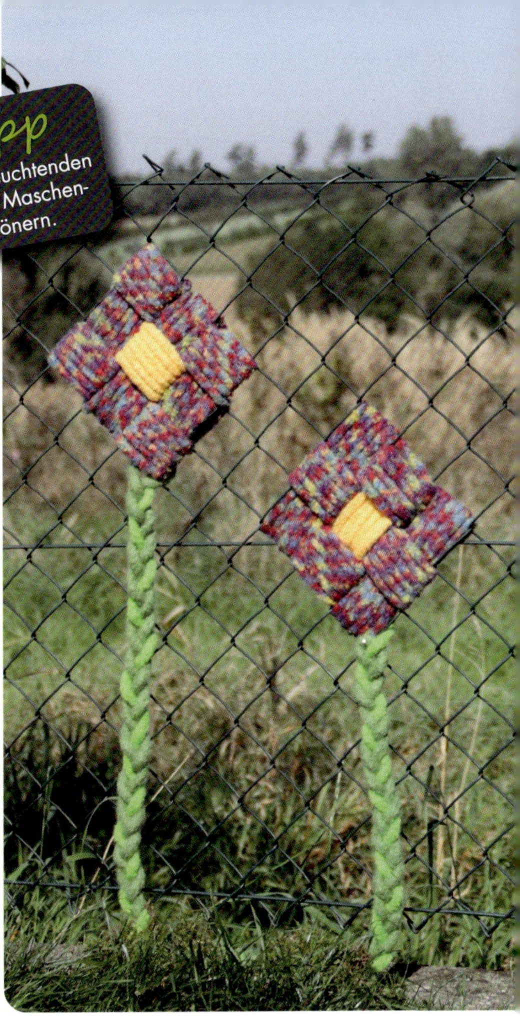

3lume am ;artenzaun

ERTIGMASS

öhe ca. 21 cm (je nach Maschendraht)

AS WIRD BENÖTIGT

aschendrahtzaun

rickgabel

r 1 Blume

lzwolle Fb. gelb ca. 25 g, bunt ca. 100 g, ün ca. 50 g

00 % Schurwolle (Lauflänge 50 g = ca. 50 eter)

NLEITUNG

lzschnüre mit der Strickgabel (siehe Seite 4+5) erstellen.

ie Schnüre bei 40° C und einem flüssigen Coloraschmittel mit 3 Noppen- oder Tennisbällen in er Waschmaschine mit hoher Schleuderumdreung waschen. Sofort nach dem Waschen die chnüre etwas in die Länge ziehen und trocknen ssen. In der Mitte mit Gelb beginnen und den aschendraht umwickeln. Die bunten Filzschnüe um den gelben Mittelpunkt wickeln – immer bwechselnd in der Richtung. Den Stiel als Zopf echten und befestigen.

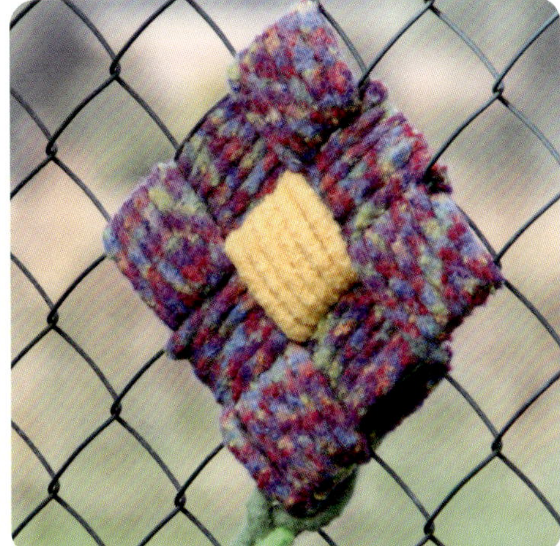

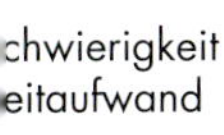

chwierigkeit

eitaufwand

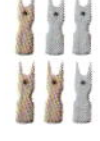

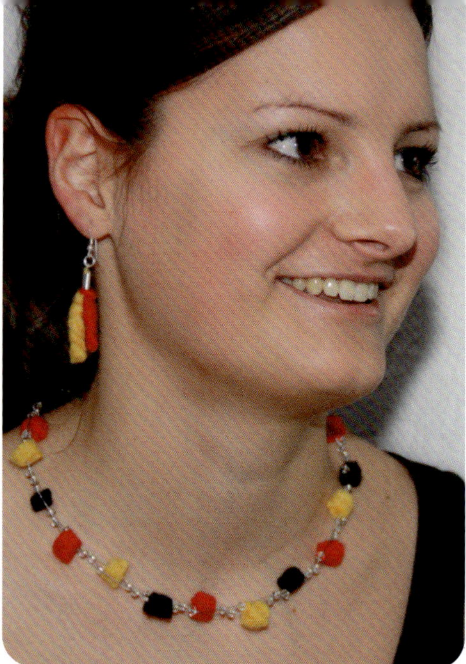

Kette

Mein Tip
Natürlich auch
anderen Verein
farben gestaltb

FERTIGMASS
ca. 45 cm

DAS WIRD BENÖTIGT
Filzschnurreste in Fb. schwarz, rot, gold
Magnetverschluss, 4 Quetschperlen, Schmuckdraht
Kleine Glasperlen

ANLEITUNG
Aus den Filzschnurresten 1 cm Stückchen abschneiden. Auf den Schmuckdraht fädeln. (Material für Schmuck und einen Video-Clip zur Anfertigung finden Sie bei Schmuck Failer unter www.failer.e

Schwierigkeit
Zeitaufwand

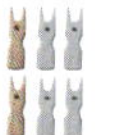

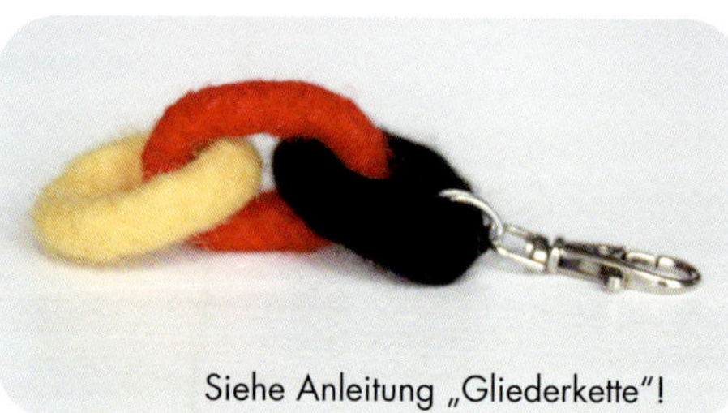

Siehe Anleitung „Gliederkette"!

Ohrring

FERTIGMASS
ca. 5 cm

DAS WIRD BENÖTIGT
dünne 3 cm Filzschnurreste in Fb. schwarz, rot, go
2 Endkappen, 2 Spaltringe, 1 Paar Ohrhaken

ANLEITUNG
Aus dem Anfang einer Filzschnur 3 cm Stückchen schneiden. In einen Ohrhaken einarbeiten. (Mate für Schmuck und einen Video-Clip zur Anfertigun finden Sie bei Schmuck Failer unter www.failer.e

Schwierigkeit
Zeitaufwand

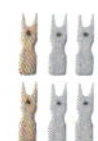

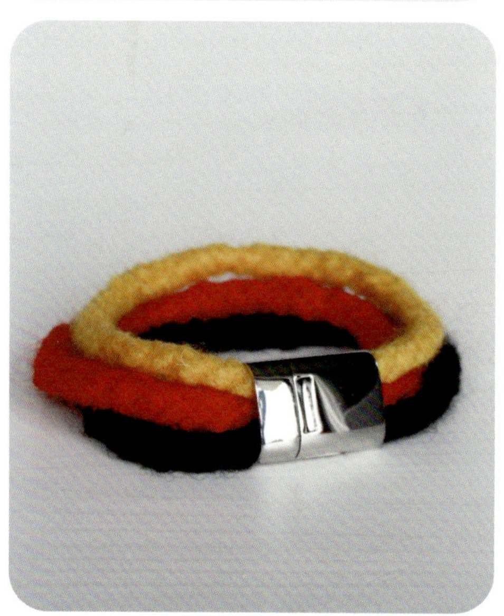

Armband

FERTIGMASS
ca. 23 cm

DAS WIRD BENÖTIGT
jeweils 20 cm Filzschnurreste in Fb. schwarz, rot, g
Magnetverschluss, Sekundenkleber

ANLEITUNG
Mit Sekundenkleber die Filzschnüre in den Magn verschluss einkleben. (Material für Schmuck finde Sie bei Schmuck Failer unter www.failer.eu)

Schwierigkeit
Zeitaufwand

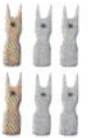

rinkglas

RTIGMASS
. 9 cm

S WIRD BENÖTIGT
ickgabel
zwolle Fb. schwarz, rot, gold je 50 g
0 % Schurwolle (Lauflänge 50 g =
. 50 Meter)
nkglas
rton
ißkleber

NLEITUNG
hnüre mit der Strickgabel (siehe Seite 4+5)
rstellen.
e Schnüre bei 40° C und einem flüssigen Color-
ıschmittel mit 3 Noppen- oder Tennisbällen in
r Waschmaschine mit hoher Schleuderumdre-
ng waschen. Sofort nach dem Waschen die
hnüre etwas in die Länge ziehen und trocknen
ssen.
s einem dünnen Karton eine Rolle in der Größe
s Glases basteln. Darauf die Filzschnüre mit
fe einer Klebepistole kleben.

hwierigkeit
itaufwand

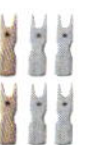

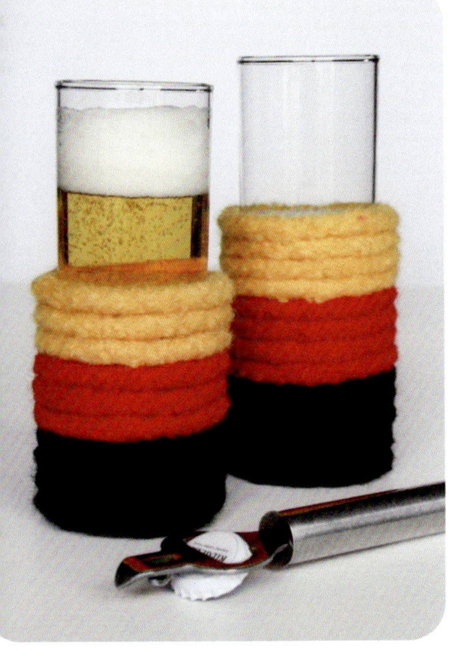

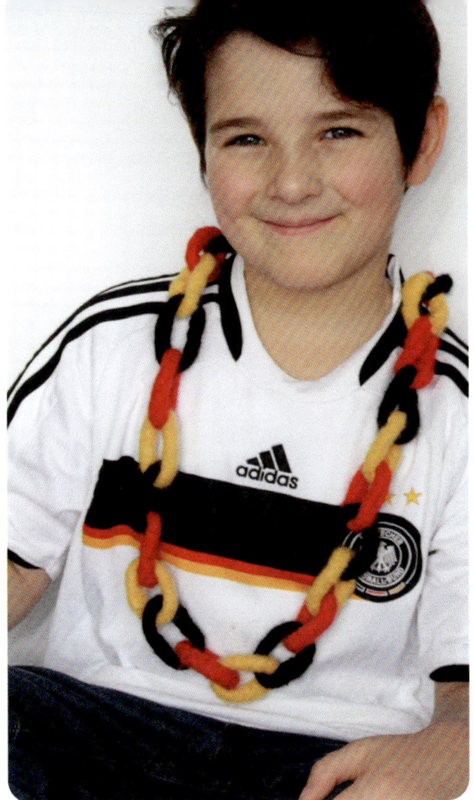

Gliederkette

FERTIGMASS
ca. 110 cm

DAS WIRD BENÖTIGT
Strickgabel
Filzwolle Fb. schwarz, rot, gold je 20 g
100 % Schurwolle (Lauflänge 50 g = ca. 50 Meter)
Nähnadel

ANLEITUNG
Je 11 Strickschnüre mit 15 cm Länge in schwarz, rot und gold mit der Strickgabel (siehe Seite 4+5) anfertigen. Das erste Kettenglied zusammennähen und jedes weitere schwarz-rot-gold ineinander einhängen und zusammennähen. Die Schnüre bei 40° C und einem flüssigen Colorwaschmittel mit 3 Noppen- oder Tennisbällen in der Waschmaschine mit hoher Schleuderumdrehung waschen. Sofort nach dem Waschen die einzelnen Glieder in Form ziehen und trocknen lassen.

Schwierigkeit
Zeitaufwand

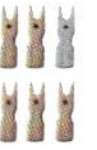

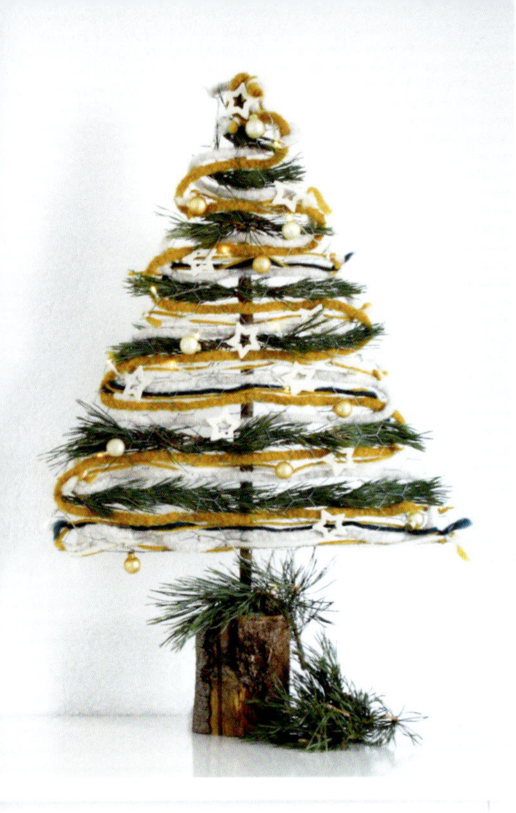

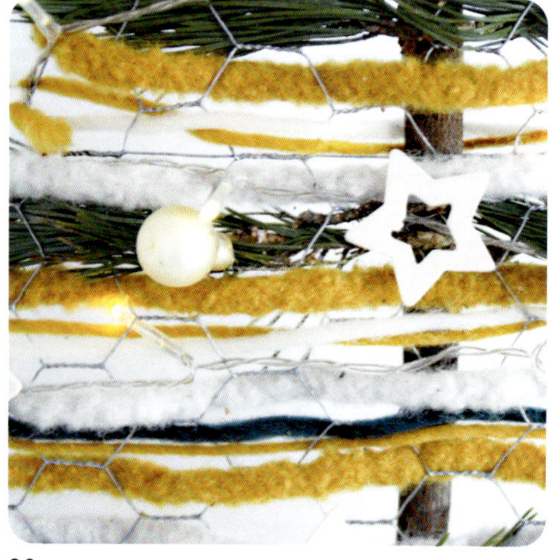

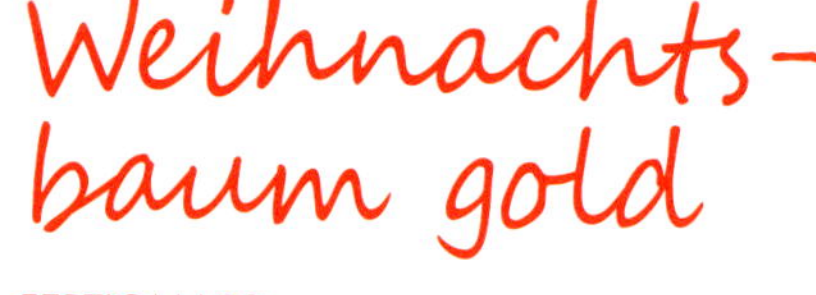

FERTIGMASS
ca. 55 x 70 cm

DAS WIRD BENÖTIGT
Strickgabel
Filzwolle Fb. gold und weiß je 50 g
100 % Schurwolle (Lauflänge 50 g = ca. 50 Meter)
Drahtgeflecht, Drahtschere, Bindedraht
Stab, Holz oder Topf
Deko-Sterne, Deko-Kugeln, Lichterkette
Seidenkiefer

ANLEITUNG
Schnüre mit der Strickgabel (siehe Seite 4+5) herstellen.
Die Schnüre bei 40° C und einem flüssigen Colo waschmittel mit 3 Noppen- oder Tennisbällen in der Waschmaschine mit hoher Schleuderumdrehung waschen. Sofort nach dem Waschen die Schnüre etwas in die Länge ziehen und trocknen lassen.
Ein Drahtgeflecht in der Form eines Tannenbaum (Breite 45 cm, Höhe 50 cm) ausschneiden. Die goldenen und weißen Schnüre abwechselnd einweben. Wollreste, Seidenkiefer, und gewünschte Deko-Artikel anbringen. Am Schluss die Lichterkette umhängen und den Stab in einem Holzstamm befestigen.

Schwierigkeit
Zeitaufwand 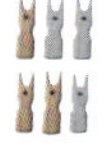

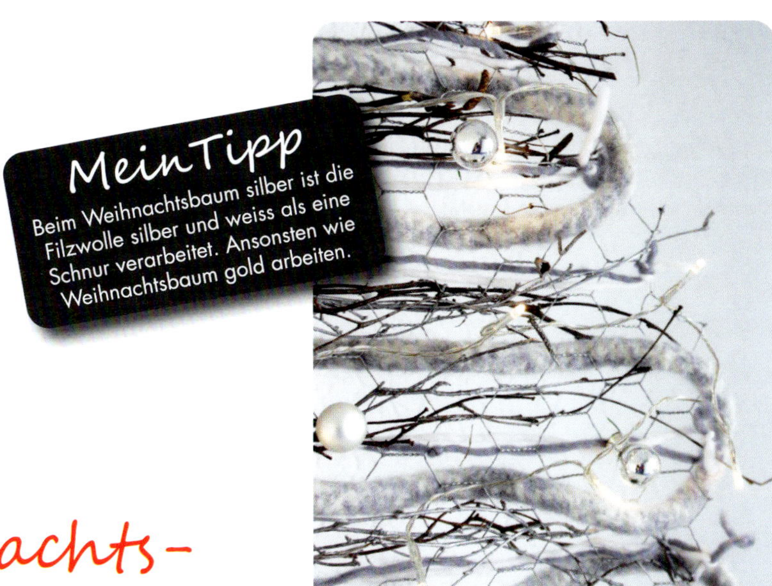

Neihnachts-
baum rot

RTIGMASS
. 30 x 90 cm

AS WIRD BENÖTIGT
r 1 Baum)
ickgabel
zwolle Fb. rot und weiß je 50 g
0 % Schurwolle (Lauflänge 50 g =
. 50 Meter)
ollreste in rot und weiß
ahtgeflecht, Drahtschere, Bindedraht
ab, Wurzel oder Topf
ko-Kugeln, Lichterkette, Seidenkiefer

NLEITUNG
hnüre mit der Strickgabel (siehe Seite 4+5) rstellen.
e Schnüre bei 40° C und einem flüssigen Color-ıschmittel mit 3 Noppen- oder Tennisbällen in r Waschmaschine mit hoher Schleuderumdre-ng waschen. Sofort nach dem Waschen die hnüre etwas in die Länge ziehen und trocknen ssen.
ıs dem Drahtgeflecht einen Kegel formen und t einem Draht zusammen heften. Die roten und eißen Schnüre abwechselnd einweben. Woll-ste, Seidenkiefer, und gewünschte Deko-Artikel bringen. Am Schluss die Lichterkette umhängen d den Stab an einer Wurzel befestigen.

hwierigkeit
itaufwand

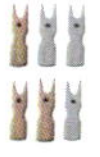

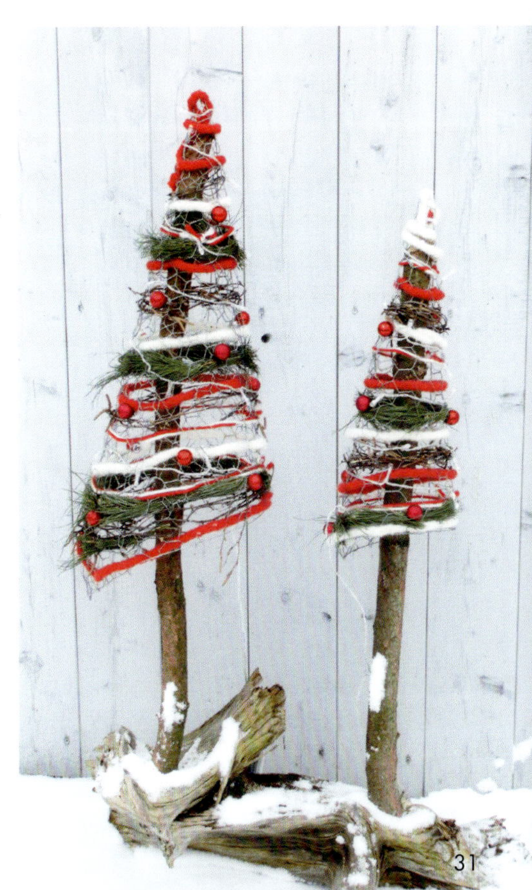

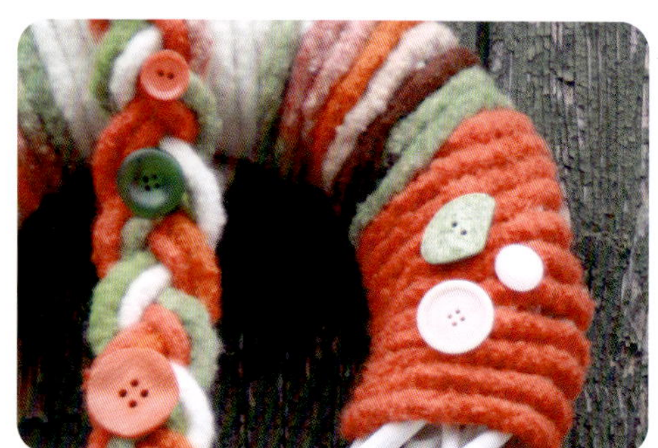

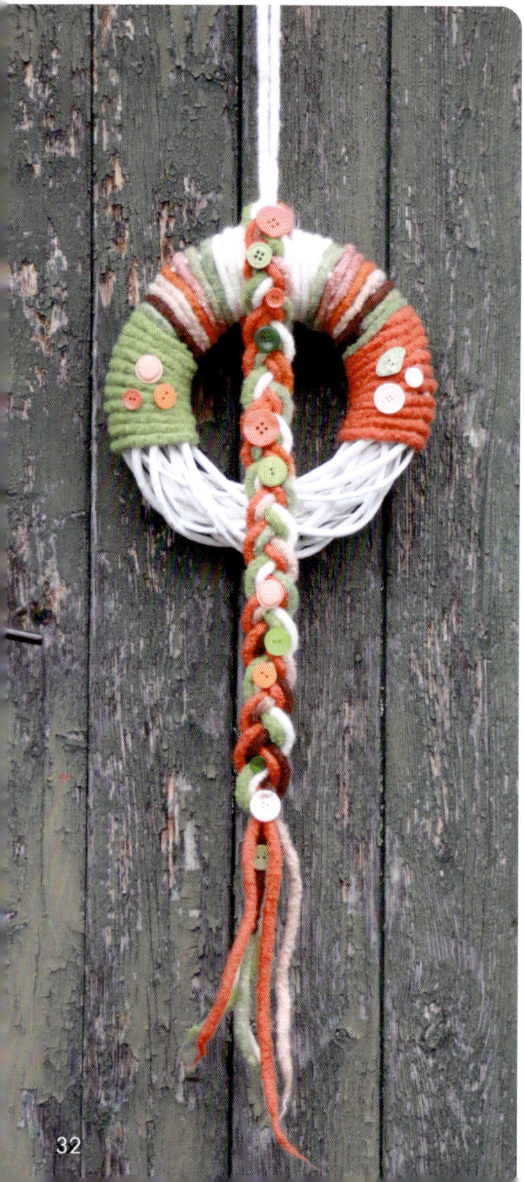

Türkranz

FERTIGMASS
Ø ca. 30 cm

DAS WIRD BENÖTIGT
Strickgabel
Filzwolle Fb. grün 50 g
weiß, orange, grün-color je 100 g
100 % Schurwolle (Lauflänge 50 g = ca. 50 Meter)
Weidenkranz
Passende Knöpfe
Heißkleber

ANLEITUNG
Schnüre mit der Strickgabel (siehe Seite 4+5) herstellen.
Die Schnüre bei 40° C und einem flüssigen Colo waschmittel mit 3 Noppen- oder Tennisbällen in der Waschmaschine mit hoher Schleuderumdrehung waschen. Sofort nach dem Waschen die Schnüre etwas in die Länge ziehen und trocknen lassen. Zuerst den Aufhänger mit Heißkleber befestigen. Die obere Hälfte des Kranzes mit der Schnüren umwickeln. Den Zopf mit 6 Schnüren flechten. Den Aufhänger durch den Zopf ziehen und auf der Unterseite mit Heißkleber fixieren. Nach Belieben mit Knöpfen dekorieren.

Schwierigkeit
Zeitaufwand 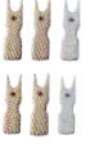

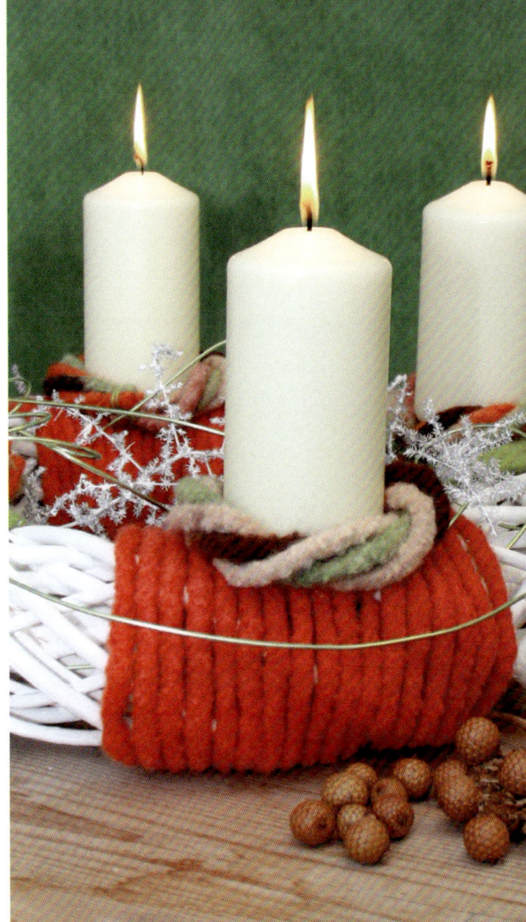

Adventskranz

RTIGMASS
ca. 40 cm

S WIRD BENÖTIGT
ickgabel
zwolle Fb. orange, grün, grün-color je 100 g
0 % Schurwolle (Lauflänge 50 g =
. 50 Meter)
eidenkranz
ssenden Aludraht
ildasparagus oder ähnliches
ißkleber
rzen

NLEITUNG
hnüre mit der Strickgabel (siehe Seite 4+5)
rstellen.
e Schnüre bei 40° C und einem flüssigen Coloraschmittel mit 3 Noppen- oder Tennisbällen in
r Waschmaschine mit hoher Schleuderumdre-
ng waschen. Sofort nach dem Waschen die
hnüre etwas in die Länge ziehen und trocknen
ssen. Die Filzschnüre an vier Stellen um den
eidenkranz wickeln und mit Heißkleber be-
stigen. Jetzt von der bunten Wolle 4 Schnüre mit
wa
cm Länge zur Kordel drehen, als Kerzenhalter
f den umwickelten Filz setzen und mit Heiß-
eber fixieren. Mit Aludraht und Wildasparagus
korieren.

hwierigkeit
itaufwand

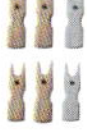

Die Autorin

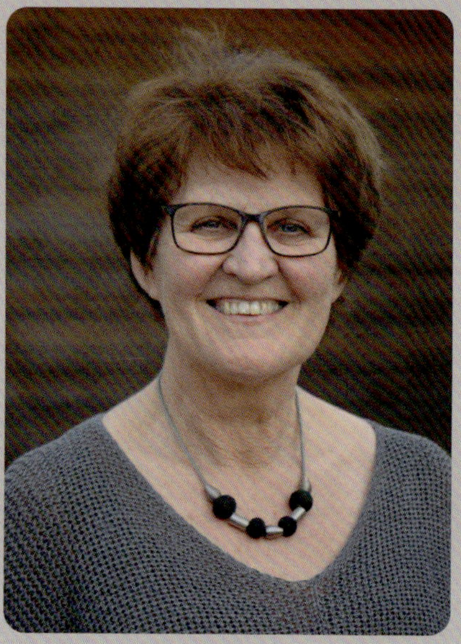

Petra Böck ist 1963 geboren und lebt zusammen mit Ihrem Mann in einem kleinen Dorf in Bayern. Ihre Freizeit verbringt sie gerne mit der Familie, Freunden, Sport und Handarbeiten.
Sie interessiert sich für alles rund ums Handarbeiten und probiert gerne Neues aus. Mit viel Freude am Ausprobieren und der Arbeit mit Kindern sowie mit Senioren ist nun ein Ideenbuch für die Strickgabel im Eigenverlag erschienen.

Impressum

Pebola Petra Böck www.pebola.de
Buchidee und Text: Petra Böck
Titelbild: Werbefotografie Weiss, Gersthofen
Printed in Germany
2. überarbeitete Auflage 2023